돌아온 하나님의 백성

가스펠 프로젝트

구약  **6**

돌아온 하나님의 백성

중고등부 교사용

지은이 · LifeWay Students
옮긴이 · 최광일
감수 · 김병훈, 이희성, 곽상학
발행일 · 2018년 1월 22일
2판 1쇄 발행 · 2024년 8월 9일
등록번호 · 제1988-000080호
등록된 곳 · 서울특별시 용산구 서빙고로65길 38
발행처 · 사단법인 두란노서원
영업부 · 02-2078-3352, 3452, 3781, 3752 FAX 080-749-3705
편집부 · 02-2078-3437
디자인 · 땅콩프레스

책값은 뒤표지에 있습니다.
ISBN 978-89-531-4677-8 04230 / 978-89-531-4670-9(세트)

가스펠 프로젝트 홈페이지 · gospelproject.co.kr
두란노몰 · mall.duranno.com

차례

6

Exile and Return

발간사

두란노서원을 통해 라이프웨이(LifeWay)의 《가스펠 프로젝트》 성경 공부 교재 시리즈를 발간할 수 있도록 인도하신 하나님께 감사드립니다. 험한 소리로 가득한 세상에 이 책을 다릿돌처럼 놓습니다. 우리 삶은 말씀을 만난 소리로 풍성해져야 합니다. 주님을 만난 기쁨의 소리, 진실 앞에서 탄식하는 소리, 죄를 씻는 울음소리, 소망을 품은 기도 소리로 가득해야 합니다.

《가스펠 프로젝트》는 신구약을 관통하는 예수 그리스도의 복음을 발견하고, 그 가르침을 삶에 적용하는 지혜를 얻도록 기획한 성경 공부 교재입니다. 어린아이부터 어른에 이르기까지 생애주기에 따른 복음 메시지를 잘 배울 수 있습니다. 또한, 거짓 진리가 미혹하는 이 시대에 건강한 신학과 바른 교리로 말씀을 조명하여 성도의 신앙이 좌로나 우로나 치우치지 않도록 돕습니다.

두란노서원은 지금까지 "오직 성경, 복음 중심, 초교파적 관점"을 바탕으로 한국 교회와 성도를 꾸준히 섬겨 왔습니다. 오직 성경의 정신에 입각해 책과 잡지를 출판해 왔으며, 성경에 근거한 복음 중심의 신학을 포기한 적이 없습니다. 그리고 교단과 교파를 초월하여 교회와 성도가 하나님 나라를 바라볼 수 있도록 돕기 위해 노력해 왔습니다. 《가스펠 프로젝트》는 두란노가 지켜 온 세 가지 가치를 충실하게 담은 책입니다.

성경은 구원을 위한 책이며, 구원사의 주인공은 예수 그리스도입니다. 창세기부터 요한계시록까지 오직 예수 그리스도의 복음만을 전하는 《가스펠 프로젝트》 성경 공부 교재를 통해 복음의 은혜와 진리를 깊이 경험하고, 복음 중심의 삶이 마음 판에 새겨지기를 바랍니다. 그리고 예수 그리스도 복음에 굳게 선 한 사람의 영향력이 가정과 교회와 사회에 흘러감으로써 거룩한 하나님 나라가 확산되어 가기를 소망합니다.

두란노서원 원장 이 형 기

감수사

✝ 두란노가 출간하는 《가스펠 프로젝트》는 무엇보다도 전통적으로 교회가 풀어 온 흐름을 충실히 따라 성경을 해설하고 있습니다. 그리고 그 방향은 궁극적으로 예수 그리스도를 향해 나아가고 있습니다. 이것은 예수님이 구약과 신약의 모든 성경이 자신을 가리키고 있다고 하신 말씀에 비추어 매우 타당한 것입니다. 게다가 그리스도 중심적 해설을 무리하게 전개하지 않습니다. 각 본문에서 하나님의 구원 언약과 그것을 실현하시는 하나님을 드러내면서, 그리스도의 예표적 설명이 가능한 사건을 놓치지 않고 풀어내고 있습니다.

성경 공부 교재는 명시적으로 혹은 암시적으로 제시하는 교리적 진술이 교리체계상 건전해야 합니다. 《가스펠 프로젝트》는 99개 조에 이르는 핵심 교리들을 일목요연하게 제시하여 교리의 건전성을 확인할 수 있도록 도움을 줍니다. 《가스펠 프로젝트》의 교리는 교파를 막론하고, 예수 그리스도의 복음에 충실한 복음주의 교회들에게 환영받을 만합니다. 물론 교파마다 약간의 이견을 갖는 부분들이 있을 수 있겠지만 각 교회에서 교재를 활용하는 데에 무리가 없을 것으로 판단합니다. 《가스펠 프로젝트》의 특징은 각 과에서 학습한 내용을 핵심 교리와 연결해 주며, 그 결과 그리스도의 복음에 관련한 교리적 이해를 강화시킨다는 데에 있습니다.

끝으로 《가스펠 프로젝트》는 어떤 성경 주해서나 교리 학습서가 갖지 못하는 훌륭한 장점을 가지고 있습니다. 그것은 학습자를 하나님과 그리스도의 복음 앞으로 나오도록 이끌며 자신의 신앙과 삶을 돌아보도록 하는 적용의 적실성과 훈련의 효과입니다. 아울러 선교적 안목을 열어 주는 적용 질문들을 더해 준 것은 《가스펠 프로젝트》에서 얻을 수 있는 커다란 유익입니다.

《가스펠 프로젝트》는 성경을 개괄적으로 매주 한 과씩, 3년의 기간 동안 일목요연하게, 그리고 그리스도 중심적으로 공부하도록 이끌어 준다는 점에서, 한국교회의 기초를 성경 위에 놓는 일에 대단히 커다란 공헌을 할 것으로 믿어 의심치 않습니다.

김병훈 _ 합동신학대학원대학교 조직신학 교수

✝ 아모스 선지자가 타락의 일로를 걷고 있던 북이스라엘을 향해 선포한 메시지가 생각납니다. "보라 날이 이를지라 내가 기근을 땅에 보내리니 양식이 없어 주림이 아니며 물이 없어 갈함이 아니요 여호와의 말씀을 듣지 못한 기갈이라"(암 8:11). 주전 8세기 아모스 선지자의 외침이 오늘 이 시대에 다시 메아리쳐 오고 있습니다. 온갖 이단들이 영적으로 갈급한 성도들을 향해 검은손을 내밀고 있습니다. 이들은 성경 구절을 단편적으로 이해하고 왜곡하여 교리를 구축한 후 성도들을 혼란에 빠뜨리고 있습니다. 두란노의 《가스펠 프로젝트》는 성도들이 겪고 있는 이러한 갈증을 해소해 줄 수 있는 참으로 유익한 성경 공부 교재입니다.

첫째, 《가스펠 프로젝트》는 성경 전체 흐름과 문맥에 따라 구성되어 성경의 큰 그림을 볼 수 있도록 도와줍니다. 또 성경 각 본문의 의미를 깊이 이해할 수 있도록 해당 분야의 전문 성경 신학자들의 주석적 견해를 잘 소개하고 있습니다. 둘째, 본문 연구와 함께 관련

핵심 교리들을 적절하게 소개하여 성경과 교리를 연결할 수 있습니다. 또 모든 과에서 그리스도와의 연결점을 찾아 제시해 주므로 구약 본문을 통해서도 복음을 깨달을 수 있습니다. 성경 공부 전 과정을 마치면 성도들이 복음에 대한 견고한 믿음을 가지게 될 것입니다. 셋째, 성경 공부를 통한 적용의 초점을 선교에 맞추어 성도들이 삶의 현장에서 복음의 증인으로서의 사명을 감당할 수 있게 도와줍니다. 마지막으로, 주일학교 어린이부터 장년에 이르기까지 동일한 주제와 본문으로 성경을 공부하도록 구성하였기 때문에 모든 교인이 한 말씀 안에서 한 믿음의 공동체를 이루며 성숙해 가는 영적 부흥을 경험하게 될 것입니다.

두란노의 《가스펠 프로젝트》를 통해 말씀이 갈급한 기근의 시대에 영적 해갈의 기쁨을 경험하시기 바랍니다.

이희성 _ 총신대학교 구약학 교수

✝ 일반적으로 교육의 3요소를 교육 주체인 교사, 교육 객체인 학생, 교육 내용인 교육 과정(curriculum)이라고 말합니다. 기독교 교육 또한 교회 학교 교사나 가정의 부모가 교육 주체가 되어 다음 세대인 청소년들에게 복음이 담긴 성경을 가르치는 것입니다. 교육 과정을 제외하고는 공교육과 기독교 교육이 본질적으로 다를 수 없는데, 시대의 요청이나 학습자의 역량에 따라 교육 과정이 바뀌는 공교육과 달리, 성경이라는 절대 진리가 교육 과정인 기독교 교육은 수요자 중심의 창의적 상호 작용 등 교육 방법론에 취약점을 보인 것이 사실입니다.

《가스펠 프로젝트》는 객관론적인 인식론에 근거한 프로젝트 수업을 염두에 두었기 때문에, 안내하고 조력하는 교사의 역할 수행과 자연스럽고도 적극적인 학생들의 반응이 만나 성경의 내용을 '지금 그리고 여기'를 사는 '나'와 접목시켜 진지하게 대면하게 합니다. 매 과마다 청소년 설교 제목과 같은 감각적인 제목으로 문을 열고 들어가 'HIS STORY'를 만나게 됩니다. 그뿐 아니라 '연대표', '알짬 교리 99' 등은 다소 지루할 수 있는 성경의 이야기를 청소년 특유의 감성으로 그들의 지적 호기심을 채워 주기에 충분합니다. 또한 '그리스도와의 연결'로 구속사적 흐름을 놓치지 않고 그리스도의 복음을 충실히 따르고 있습니다. 영원 불변하는 하나님의 말씀이 21세기에 대한민국에서 살아가는 중학생, 고등학생의 실제 이야기로 잘 구현되도록 한 'YOUR STORY', 그리고 'HEAD'(생각)와 'HEART'(마음)가 어떻게 'HANDS'(행동)로 이어지는가에 대한 'YOUR MISSION'은 성경 공부의 매우 중요한 연결 고리가 될 것입니다.

《가스펠 프로젝트》는 그리스도 중심의 성경 공부 교재이자, 성경 전체를 꿰뚫는 복음의 알파와 오메가로서 이 시대에 새로운 기독교 교육의 이정표가 될 것을 확신합니다.

곽상학 _ 전 온누리교회 협동 목사

추천사

우리 시대의 전 세계적 교회 부흥은 두 가지 샘을 가지고 있습니다. 한 샘은 오순절 부흥 운동의 샘입니다. 이 샘으로 많은 시대의 목마른 영혼들이 목마름을 해갈했습니다. 또 하나의 샘은 성경 연구의 샘입니다. 남침례교 주일학교 운동은 이 샘의 개척자입니다. 이 샘으로 지금도 많은 성도가 목마름을 해갈하고 있습니다. 미국 남침례교 라이프웨이 출판사는 이러한 사역을 충실히 감당해 왔습니다. 《가스펠 프로젝트》는 모든 필요를 공급하는 원천이 될 것입니다. 《가스펠 프로젝트》로 한국 교회의 목마름이 해갈되기를 기도합니다. 《가스펠 프로젝트》는 쉬우면서도 결코 피상적이지 않습니다. 믿음의 단계를 따라 하나님의 자녀들에게 꼭 필요한 복음의 진수를 맛보게 해 줄 것입니다. 이 체계적인 교재로 이 땅에 새로운 영적 르네상스가 일어나기를 기대합니다.

이동원 _ 지구촌교회 원로목사, 지구촌 미니스트리 네트워크 대표

《가스펠 프로젝트》는 예수 그리스도 중심, 즉 복음 중심의 제자 양육 교재입니다. 복음은 구원하는 능력뿐만 아니라 삶을 변화시키는 능력입니다. 성도들을 변화와 성숙으로 이끌어 주는 귀한 교재가 조국 교회와 이민 교회에 소중하게 쓰임받기를 바랍니다. 특별히 이민 2세들은 영어 교재 원본을 사용할 수 있는 까닭에 큰 도움이 될 것입니다.

강준민 _ LA 새생명비전교회 담임 목사

성경은 예수 그리스도를 중심으로 하는 하나님의 구원 이야기입니다. 성경을 가르치는 일은 하나님의 구원에 동참하는 하나님의 사람을 만드는 일이며, 하나님의 사람의 탁월한 모델은 바로 예수 그리스도입니다. 《가스펠 프로젝트》는 예수 그리스도를 중심으로 성경을 배웁니다. 성경이 어떻게 그리스도와 연결되어 있는지, 또 성도의 삶이 그리스도를 중심으로 하는 하나님의 구원 계획에 어떻게 연결되어야 하는지 구체적으로 제시합니다.

특히 《가스펠 프로젝트》는 하나의 본문을 각 연령에 맞게 구성한 교재를 제공해 하나의 본문으로 전 세대를 연결하고, 가정과 교회를 하나 되게 합니다. 신앙의 전수가 중요한 시대에 성도와 교회와 가정이 한마음으로 다음 세대를 준비시키기에 적합합니다. 특히 가정에서 부모가 자녀와 말씀으로 대화를 나눌 수 있게 해 자녀 신앙 교육에 도움이 될 것입니다.

《가스펠 프로젝트》가 주일학교부터 장년에 이르기까지 전 교회와 성도의 각 가정에서 사용되어 예수 그리스도를 통한 하나님의 가스펠 프로젝트가 성취되기를 기도하면서 기쁨과 확신으로 추천합니다.

이재훈 _ 온누리교회 담임 목사

✝ 《가스펠 프로젝트》는 성경을 예수 그리스도 중심으로 심도 있게 살피도록 도우면서, 또한 그것을 이야기 형식으로 제시하며 실질적으로 적용하도록 이끄는 탁월함이 보입니다. 이는 청소년들이 자연스럽게 주변 또래들에게 자신이 경험한 예수 그리스도와 복음에 대해 나눌 수 있게 합니다.

왕동식 _ 서울YFC(십대선교회) 대표, 청소년사역자협의회 회장

✝ 《가스펠 프로젝트》는 복음주의적인 관점에서 성경을 이해하며 성경적 가치관을 형성하는 데 큰 도움을 줍니다. 특히 예수 그리스도를 모든 과에서 그 중심에 두어 구속사적으로 이해할 수 있도록 돕습니다. 또한 각 과별 주제도 친근할 뿐 아니라 다음 세대의 눈높이에 맞추고 있어서 적극 추천합니다.

황성건 _ (사)청소년선교횃불 대표, 소금과빛 국제학교 운영 이사

✝ 사역 현장에서는 하나님의 말씀을 효율적으로 가르칠 수 있는 좋은 방법과 교재에 늘 목말라 합니다. 그런 점에서 그 필요를 잘 충족해 줄 교재가 출간되어 기쁜 마음으로 추천합니다.

김운용 _ 장로회신학대학교 실천신학 교수

✝ 《가스펠 프로젝트》는 하나님의 말씀으로 우리를 초청해서 예수 그리스도를 만나게 하고 사랑하게 만드는 훌륭한 교재입니다. 자녀들이 교회 학교에서, 부모들이 소그룹에서 말씀을 공부한 후에 저녁 식탁에 둘러앉아 예수님에 대해 함께 나눌 수 있다는 것은, 상상만 해도 너무나도 멋지고 복된 일입니다.

김지철 _ 전 소망교회 담임 목사

✝ 성경이 가르치는 구원의 도리인 교리를 성경 본문을 통해 배우기가 쉽지 않기 때문에 좋은 안내서가 필요합니다. 《가스펠 프로젝트》는 이와 같은 역할을 탁월하게 수행하고 있기 때문에 기쁜 마음으로 추천합니다.

이성호 _ 고려신학대학원 역사신학 교수

✝ 《가스펠 프로젝트》는 어린이부터 장년까지 성경에서 예수님이라는 보석을 찾는 눈을 활짝 열어 주는 놀라운 교재입니다. 각 연령대에 맞게 구성된 본 교재를 통해 예수님을 다시 발견하고 한국 교회가 더욱 견고하게 되기를 바랍니다.

최병락 _ 강남중앙침례교회 담임 목사

일러두기

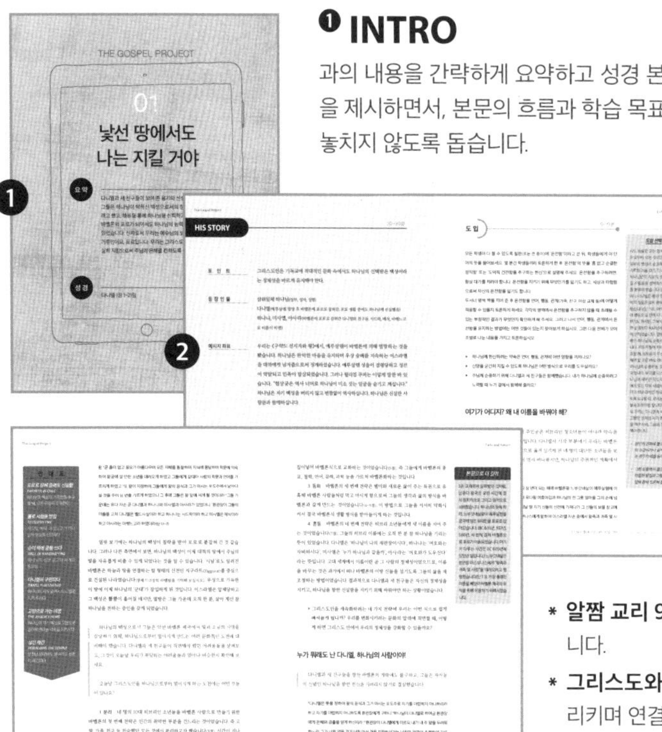

❶ INTRO

과의 내용을 간략하게 요약하고 성경 본문을 제시하면서, 본문의 흐름과 학습 목표를 놓치지 않도록 돕습니다.

❷ HIS STORY

하나님의 구속사에 초점을 맞춰 성경을 이해하도록 하며, 다음과 같은 특징이 있습니다.

* **students** 왼편에 'students' 글씨와 함께 회색 세로줄이 있는 단락은 학생용 교재와 동일한 부분입니다. 학생용 교재의 모든 내용이 교사용에도 실려 있습니다.
* **연대표** 성경을 시간 순으로 이해하도록 살피는 표로, 학생용 교재에서는 그림도 함께 제공합니다.
* **본문으로 더 깊이** 이야기 속으로 더 깊이 들어가도록 돕는 성경 주해입니다. 이 자료를 어떤 식으로 활용할 것인지는 교사의 재량에 달려 있으며, 참고만 해도 괜찮습니다.
* **알짬 교리 99** 매 과의 본문 내용과 관련된 기독교 핵심 교리입니다.
* **그리스도와의 연결** 각 과의 주제가 어떻게 예수 그리스도를 가리키며 연결되는지 살피는데, 이를 통해 모든 성경이 그리스도를 가리키고 있음을 강조해 줍니다.

❸ YOUR STORY

하나님이 과거에 행하신 일을 오늘날과, 그리고 학생 자신과 연결하도록 돕는 토론 질문을 제시합니다. 매 질문마다 교사에게 주는 조언이 첨부되어 있습니다.

❹ YOUR MISSION

그리스도인으로서 어떻게 살아가야 할지 하나님의 이야기를 통해 생각하고 변화를 경험하도록 이끕니다. 단순한 성경 공부를 넘어 사명감을 가지고 이 세상을 살아가야 할 것을 강조하면서 하나님의 부르심에 참여하도록 돕습니다.

가스펠 프로젝트 홈페이지 자료실 gospelproject.co.kr 에 있는 다양한 자료를 활용해 보세요.

- **십대와 나누는 믿음의 대화** 학생들과 폭넓게 나눌 수 있도록 본문의 요점, 질문, 명언을 제시합니다.
- **교사 지도 가이드** 교사에게 필요한 본문에 대한 설명과 지도 방향 등을 동영상으로 제공합니다.
- **가족성경읽기표** 본문에도 나오는 연대기적 성경 통독 일정이, 온가족이 보기 좋게 정리되어 있습니다.

01

낯선 땅에서도 나는 지킬 거야

요약

다니엘과 세 친구들이 보여 준 용기와 신실을 보여 주었습니다. 그들은 하나님의 택하심을 받은 백성이라는 정체성을 충실히 지키려 했고, 하나님을 신뢰하고 있음으로 행동으로 드러냄으로써 비록 바벨론의 포로라 할지라도 하나님의 능력과 선하심을 알릴 수 있었습니다. 신자로서 우리는 예수님의 보혈로 구속된 세상의 거류민이요, 포로입니다. 우리는 그리스도 안에서 우리의정체성을 충실히 지킴으로써 주님의 은혜를 전하도록 부름받았습니다.

성경

다니엘 1장 1~21절

HIS STORY

포 인 트

그리스도인은 기독교에 적대적인 문화 속에서도 하나님의 선택받은 백성이라는 정체성을 바르게 유지해야 한다.

등 장 인 물

삼위일체 하나님(성부, 성자, 성령)

다니엘(예루살렘 멸망 후 바벨론에 포로로 잡혀감. 포로 생활 중에도 하나님께 신실했음)

하나냐, 미사엘, 아사랴(바벨론에 포로로 잡혀간 다니엘의 친구들. 사드락, 메삭, 아벳느고로 이름이 바뀜)

메시지 좌표

우리는 《구약5: 선지자와 왕》에서, 예루살렘이 바벨론에 의해 멸망하는 것을 봤습니다. 하나님은 완악한 마음을 유지하며 우상 숭배를 지속하는 이스라엘을 대적에게 넘겨줌으로써 징계하셨습니다. 예루살렘 성읍이 점령당하고 성전이 약탈되고 민족이 말살되었습니다. 그러나 윌리엄 쿠퍼는 이렇게 말한 바 있습니다. "험상궂은 역사 너머로 하나님이 미소 짓는 얼굴을 숨기고 계십니다." 하나님은 자기 백성을 버리지 않고 변함없이 역사하십니다. 하나님은 신실한 사람들과 함께하십니다.

도 입   5~10분

모든 학생이 다 볼 수 있도록 칠판(또는 큰 종이)에 '온전함'이라고 쓴 뒤, 학생들에게 이 단어의 뜻을 물어보세요. 몇 분간 학생들끼리 토론하게 한 후 '온전함'의 뜻을 '흠 없고 순결한 정직함' 또는 '도덕적 건전함을 추구하는 헌신'으로 설명해 주세요. 온전함을 추구하려면, 항상 대가를 치러야 합니다. 온전함을 지키기 위해 무엇인가를 잃기도 하고, 세상과 타협함으로써 자신의 온전함을 잃기도 합니다.

두서너 명씩 짝을 지어 준 후 온전함을 언어, 행동, 관계(가족, 친구, 이성 교제 등)에 어떻게 적용할 수 있을지 토론하게 하세요. 각각의 영역에서 온전함을 추구하지 않을 때 초래될 수 있는 부정적인 결과가 무엇인지 확인하게 해 주세요. 그러고 나서 언어, 행동, 관계에서 온전함을 유지하는 방법에는 어떤 것들이 있는지 찾아보게 하십시오. 그런 다음 전체가 모여 조별로 나눈 내용을 가지고 토론하십시오.

▶ 하나님께 헌신하려는 약속은 언어, 행동, 관계에 어떤 영향을 끼치나요?

▶ 신앙을 굳건히 지킬 수 있도록 하나님은 어떤 방식으로 우리를 도우실까요?

▶ 주님께 순종하기 위해 다니엘과 세 친구들은 함께했습니다. 내가 하나님께 순종하려고 노력할 때 누가 곁에서 함께해 줄까요?

여기가 어디지? 왜 내 이름을 바꿔야 해?

지금부터 읽을 이야기의 주인공은 히브리인 청소년들이 아니라 약속을 지키시는 전능하신 하나님입니다. 다니엘서 시작 부분에서 우리는 바벨론 제국의 거칠고 사악한 토양으로 옮겨 심기게 된 네 명의 대단한 소년들을 보게 됩니다. 그들은 고향에서 멀리 떠나왔지만, 하나님의 주권적인 계획에서 벗어나 있지는 않았습니다.

[1]유다왕 여호야김이 다스린 지 삼 년이 되는 해에 바벨론 왕 느부갓네살이 예루살렘에 이르러 성을 에워쌌더니 [2]주께서 유다 왕 여호야김과 하나님의 전 그릇 얼마를 그의 손에 넘기시매 그가 그것을 가지고 시날 땅 자기 신들의 신전에 가져다가 그 신들의 보물 창고에 두었더라 [3]왕이 환관장 아스부나스에게 말하여 이스라엘 자손 중에서 왕족과 귀족 몇 사

사도 바울은 모든 권위가 하나님으로부터 오는 것이므로 성도는 정부의 방침에 순종해야 한다고 가르쳤고(롬 13:1), 다니엘도 오직 하나님만이 지상의 왕국을 다스릴 사람들을 선택하신다는 사실을 분명히 했습니다(단 5:21). 그러나 다니엘은 왕이 주는 음식을 먹지 않음으로써 왕에게 불순종했습니다(단 1:8). 어떤 사람들은 이 행동으로 인해 다니엘을 비난하기도 하지만, 그에게는 왕에 대한 순종보다 하나님께 대한 순종이 먼저였습니다. 결정적으로 그 왕은 하나님께 순종하지 않았습니다. 지도자들이 하나님께 불순종할 때, 성도들이 우선해서 생각해야 할 것은 바로 하나님입니다. 하나님께 순종하는 것이 가장 중요합니다. 우리를 다스리도록 하나님이 세우신 지도자들이 우리에게 또는 다른 이들에게 불법적이고 비윤리적인 해로운 일을 하도록 요구할 때, 우리는 그 요구에 불순종해야만 합니다. 또 한편으로 우리는 다니엘과 세 친구들이 그랬던 것처럼 자기 행동에 책임을 져야 하며, 그들의 권위를 인정해야 합니다.

• *정부의 권위에 불순종하는 것이 수긍되거나 심지어 권장되는 경우의 예를 들어봅시다.*

• *그런 상황에서 불순종하는 데 적절한 방법과 그렇지 못한 방법에 관해 토론해 봅시다.*

포로로 유배 중에도 신실함
FAITHFUL IN EXILE
하나님의 백성이 거룩함을 추구
할 때, 다른 이들이 주목한다.

불로 시험을 받음
TESTED BY FIRE
사드락, 메삭, 아벳느고가 하나
님의 보호를 신뢰하다.

손이 벽에 글을 쓰다
WALL OF HANDWRITING
하나님의 심판 경고와 회개의
필요성.

다니엘이 구원되다
DANIEL IS DELIVERED
하나님이 사자 굴에서 다니엘을
지켜 주시다.

고향으로 가는 여정
THE JOURNEY HOME
하나님이 자기 백성을 고향으로
돌려보낸다는 약속을 지키시다.

성전 재건
REBUILDING THE TEMPLE
엄청난 반대에도 불구하고 성전
이 재건되다.

람 4곧 흠이 없고 용모가 아름다우며 모든 지혜를 통찰하며 지식에 통달하며 학문에 익숙하여 왕궁에 설 만한 소년을 데려오게 하였고 그들에게 갈대아 사람의 학문과 언어를 가르치게 하였고 5또 왕이 지정하여 그들에게 왕의 음식과 그가 마시는 포도주에서 날마다 쓸 것을 주어 삼 년을 기르게 하였으니 그 후에 그들은 왕 앞에 서게 될 것이더라 6그들 가운데는 유다 자손 곧 다니엘과 하나냐와 미사엘과 아사랴가 있었더니 7환관장이 그들의 이름을 고쳐 다니엘은 벨드사살이라 하고 하나냐는 사드락이라 하고 미사엘은 메삭이라 하고 아사랴는 아벳느고라 하였더라(단 1:1~7)

얼핏 보기에는 하나님의 백성이 침략을 받아 포로로 붙잡혀 간 것 같습니다. 그러나 다른 측면에서 보면, 하나님의 백성이 이제 대적의 땅에서 주님의 빛을 자유롭게 비출 수 있게 되었다는 것을 알 수 있습니다. '시날'로도 알려진 바벨론은 하늘과 땅을 연결하는 탑 형태의 신전인 지구라트(Ziggurat)를 중심으로 건설된 나라였습니다(창세기 11장의 바벨탑을 기억해 보십시오). 우상으로 가득한 이 땅에 이제 하나님의 '군대'가 잠입하게 된 것입니다. 이스라엘은 압제당하고 그 백성은 뿔뿔이 흩어질 테지만, 열방은 그들 가운데 오직 한 분, 살아 계신 참 하나님을 전하는 증인을 갖게 되었습니다.

하나님의 백성으로서 그들은 악한 바벨론 제국에서 빛과 소금의 사명을 감당하기 위해, 하나님으로부터 멀어지게 만드는 여러 문화적인 도전에 대비해야 했습니다. 다니엘과 세 친구들이 직면해야 했던 어려움을 살펴보고, 그것이 오늘날 우리가 부딪히는 어려움과 얼마나 비슷한지 확인해 보세요.

오늘날 그리스도인을 하나님으로부터 멀어지게 하는 도전에는 어떤 것들이 있나요?

1. **분리** 네 명의 10대 히브리인 소년들을 바벨론 사람으로 만들기 위한 바벨론의 첫 번째 전략은 인간의 취약한 부분을 건드리는 것이었습니다. 즉 고향, 가족, 친구 등 친숙했던 모든 것에서 분리하고자 했습니다(3절). 시간이 지나면 그들은 자기 신앙을 버리고 바벨론 사람처럼 될 것이기 때문입니다.

2. **교화** 바벨론의 두 번째 전략은 히브리 소년들을 3년간 교육 기관에 집어넣어 바벨론식으로 교화하는 것이었습니다(5절). 즉 그들에게 바벨론의 종

교, 철학, 언어, 문학, 과학 등을 가르쳐 바벨론화하는 것입니다.

3. 동화 바벨론의 세 번째 전략은 별미와 새로운 삶이 주는 특권으로 유혹해 바벨론 사람들처럼 먹고 마시게 함으로써 그들의 생각과 삶의 방식을 바벨론과 같게 만드는 것이었습니다(4~5절). 이 방법으로 그들을 서서히 약화시켜서 결국 바벨론식 생활 방식을 받아들이게 하는 것입니다.

4. 혼동 바벨론의 네 번째 전략은 히브리 소년들에게 새 이름을 지어 주는 것이었습니다(7절). 그들의 히브리 이름에는 오직 한 분 참 하나님을 기리는 뜻이 있었습니다. 다니엘은 '하나님이 나의 재판장이시다', 하나냐는 '여호와는 자비하시다', 미사엘은 '누가 하나님과 같을까', 아사랴는 '여호와가 도우신다'라는 뜻입니다. 고대 세계에서 이름이란 곧 그 사람의 정체성이었으므로, 이름을 바꾸는 것은 과거에서 떠나 바벨론의 이방 신들을 섬기도록 그들의 삶을 재조정하는 방법이었습니다. 결과적으로 다니엘과 세 친구들은 자신의 정체성을 지키고, 하나님을 향한 신실함을 지키기 위해 싸워야만 하는 상황이었습니다.

▶ 그리스도인을 세속화하려는 네 가지 전략에 우리는 어떤 식으로 쉽게 빠져들게 됩니까? 우리를 변화시키려는 문화의 압력에 직면할 때, 어떻게 하면 그리스도 안에서 우리의 정체성을 강화할 수 있을까요?

5권 교재에서 살펴봤던 것처럼, 남유다 왕국은 오랜 시간에 걸쳐 정치적으로 그리고 영적으로 쇠퇴했습니다. 하나님의 뜻에 따라, 느부갓네살왕이 예루살렘을 공격해 많은 유대인을 포로로 잡아갔습니다. (BC 605년, 597년, 586년, 세 번에 걸쳐 바벨론으로 포로가 이송되었습니다. 여기서 다루는 사건은 BC 605년에 있었던 일입니다.) 느부갓네살은 환관장 아스부나스에게 "왕족과 귀족 몇 사람"을 데려오라고 명령했습니다(단 1:3). 가장 총명한 이들을 빼앗아 바벨론 제국의 유익을 위해 이용하기 위해서였습니다.

누가 뭐래도 난 다니엘, 하나님의 사람이야!

다니엘과 세 친구들을 향한 바벨론의 계략에도 불구하고, 그들은 하나님을 향한 헌신을 저버리지 않기로 결심했습니다.

8다니엘은 뜻을 정하여 왕의 음식과 그가 마시는 포도주로 자기를 더럽히지 아니하리라 하고 자기를 더럽히지 아니하도록 환관장에게 구하니 9하나님이 다니엘로 하여금 환관장에게 은혜와 긍휼을 얻게 하신지라 10환관장이 다니엘에게 이르되 내가 내 주 왕을 두려워하노라 그가 너희 먹을 것과 너희 마실 것을 지정하셨거늘 너희의 얼굴이 초췌하여 같은 또래의 소년들만 못한 것을 그가 보게 할 것이 무엇이냐 그렇게 되면 너희 때문에 내 머리가 왕 앞에서 위태롭게 되리라 하니라 11환관장이 다니엘과 하나냐와 미사엘과 아사랴를 감독하게 한 자에게 다니엘이 말하되 12청하오니 당신의 종들을 열흘 동안 시험하여 채식을 주어 먹게 하고 물을 주어 마시게 한 후에 [13]당신 앞에서 우리의 얼굴과 왕의 음식을 먹는 소년들의 얼굴을 비교하여 보아서 당신이 보는 대로 종들에게 행하소서 하매 [14]그가 그들의 말을 따라 열흘 동안 시험하더니 [15]열흘 후에 그들의 얼굴이 더욱 아름답고 살이 더욱 윤택하여 왕의 음식을 먹는 다른 소년들보다 더 좋아 보인지라 [16]그리하여 감독하는 자가 그들에게 지정된 음식과 마실 포도주를 제하고 채식을 주니라 (단 1:8~16)

다니엘이 자신을 더럽히려는 유혹에 어떻게 대처했는지 살펴보세요(8절). '바벨론'이라는 이교도의 세상이 그를 끌어당겼지만, 그의 마음과 생각을 이기지는 못했습니다. 본문에는 왕이 준 음식이 왜 그에게 문제가 되었는지에 대한 설명이 없습니다. 아마도 히브리 사람들이 부정하게 여기던 음식이었을 것입니다(레 11:1~23). 우상에게 바쳤던 음식이었을 수도 있습니다(신 6:3~15). 또는 하나님만을 섬기려는 다니엘에게 왕이 절대복종을 요구하는 뜻에서 준 것일 수도 있습니다.

다니엘에게는 확고한 신념뿐 아니라 지혜도 있었습니다. 그는 거룩하고 겸손한 삶을 살았습니다. 그는 자신의 신앙과 신념을 아스부나스에게 밝혔으며, 하나님은 다니엘로 하여금 환관장에게 은혜와 긍휼을 얻게 하셨습니다. 무엇보다도 다니엘은 순종하겠다는 자신의 약속을 이행하기 위해 하나님을 믿고 신뢰했습니다.

하나님이 나와 함께하신다고!

다니엘과 세 친구들은 거룩함을 추구하면 부딪히게 될 난관을 하나님이 해결해 주시리라 믿었습니다. 그리고 무슨 일이 있어도 하나님께 신실하겠다고 마음먹었습니다. 다니엘과 세 친구들은 지혜롭고 총명하게 섬김으로써 하나님의 은혜와 능력을 전했습니다.

[17]하나님이 이 네 소년에게 학문을 주시고 모든 서적을 깨닫게 하시고 지혜를 주셨으니 다니엘은 또 모든 환상과 꿈을 깨달아 알더라 [18]왕이 말한 대로 그들을 불러들일 기한이 찼으므로 환관장이 그들을 느부갓네살 앞으로 데리고 가니 [19]왕이 그들과 말하여 보매 무리 중에 다니엘과 하나냐와 미사엘과 아사랴와 같은 자가 없으므로 그들을 왕 앞에 서게 하고 [20]왕이 그들에게 모든 일을 묻는 중에 그 지혜와 총명이 온 나라 박수와 술객보다 십 배나 나은 줄을 아니라 [21]다니엘은 고레스왕 원년까지 있으니라(단 1:17~21)

3년의 교육 과정이 끝나자 환관장이 네 명의 히브리 소년들을 느부갓네살왕 앞으로 데려가 세웠습니다(18절). 그들은 다른 모든 소년보다 단연 뛰어났습니다. 느부갓네살은 그들이 자신을 대리해 일을 잘할 것이라고 확신하고, 그들에게 중요한 관직을 내려 주었습니다. 이 이야기에서 우리는 하나님의 백성이 순종해야 할 핵심 원칙대로 살았던 젊은이들을 봅니다. 하나님의 백성은 무슨 일을 하든지 주님께 하듯 하나님을 섬기는 마음으로 일하도록 부름받았습니다(고전 10:31; 골 3:23~24).

알짬 교리 99

신자의 새로운 정체성

그리스도를 믿게 되면 정체성이 근본적으로 변합니다. 하나님의 진노 아래 있는 원수의 신분(엡 2:1-3)에서 하나님의 권속, 사랑받는 자녀의 신분(엡 2:19)으로 변화되는 것입니다. 그리스도를 믿는 자는 그리스도의 완전한 삶과 대속적 죽음, 부활에 근거해 의롭다고 선포됩니다. 그는 더 이상 죄의 종이 아니며, 과거의 실패들이나 현재의 분투에 의해 규정되지 않습니다. 그는 흑암의 영역에서 건져냄을 받아 빛의 나라에 속하게 되었습니다(골 1:13). 누구든지 그리스도 안에 있으면 '새로운 피조물'입니다. 새로운 피조물 안에서 이전의 죄 된 자아는 지나가고 새롭게 된 구원받은 자아가 살아서 성장하며 더욱더 그리스도를 닮아 갑니다(고후 5:17).

그리스도와의 연결

다니엘과 세 친구들은 그들의 진정한 정체성을 신실하게 지켰고, 하나님께 순종했으며, 하나님의 섭리와 은혜를 모두 전하는 찬란한 신앙고백의 인물이 되었습니다. 하나님이 그들로 하여금 친숙했던 모든 것을 뒤로한 채 선교 여행을 떠나 낯선 땅에서 신실하고 진실한 증인이 되게 하신 것입니다.

다니엘과 세 친구들은 600년 뒤에 오실 또 다른 히브리 젊은이를 가리키고 있습니다. 그분도 한 분 참 하나님을 전하기 위해 낯선 땅에 보내지실 것입니다. 다니엘과 그 친구들처럼, 하나님의 아들은 자기 고향을 떠나 죄가 없으신 채로 죄 많은 세상을 기꺼이 품으실 것입니다(고후 5:21; 히 4:15; 벧전 2:21~25). 이들처럼 그분도 '하나님과 사람에게 사랑스러운' 존재가 되실 것입니다(눅 2:40, 52). 그분이 소년일 때 성전의 선생들은 "그 지혜와 대답"(눅 2:47)에 놀라게 될 것입니다.

이 이야기에는 하나님의 역설이 담겨 있습니다. 다니엘과 세 친구들은 아스부나스와 느부갓네살 앞에서 신실하게 증언했고, 왕의 궁전에서 살았습니다. 이와 대조적으로 예수님은 헤롯과 빌라도 앞에서 신실하게 증언했음에도 십자가에 못 박히셨습니다. 하지만 그 죽음으로 말미암아 예수님을 믿는 모든 사람이 만왕의 왕이요, 만 주의 주 되신 하나님과 영원토록 그분의 궁전에서 살게 될 것입니다. 그러므로 하나님이 우리에게 무엇을 명하시든지 강하게 서서 용감하게 감당합시다. 하나님은 언제나 우리와 함께하시며, 우리 눈에 보이는 것보다 훨씬 더 많은 것을 이루고 계십니다.

YOUR STORY

하나님이 들려주시는 이야기는 오늘을 사는 나와 늘 연결되어 있습니다. 아래 질문에 답하면서 성경 이야기가 내 이야기와 어떻게 연결되는지 생각해 봅시다.

▶ 다니엘의 포로 생활은 우연한 사건이 아니라 하나님의 계획 안에 있는 일이었습니다. 하나님이 주님을 모르는 사람들에게 그분을 알리기 위해 다니엘을 들어 사용하신 것입니다. 다니엘처럼 나도 주변 사람들에게 '보냄받았다'는 사실을 어떻게 알 수 있을까요?
이 질문에 관한 대답은 다양할 것입니다.

▶ 다니엘과 세 친구들에게 '하나님의 백성'이라는 정체성을 기억하는 것이 왜 중요했을까요? 자기 정체성을 아는 것은 오늘날 우리에게 왜 중요한 교훈이 될까요?
그들은 자신이 누구인지 알고, 더 중요하게는 누구에게 속했는지를 알았으므로 주변 문화의 부정적인 영향을 덜 받을 수 있었습니다.

▶ 이 이야기는 진정한 지혜의 원천이 무엇이라고 말해 줍니까? 그것은 세상의 기준과 어떻게 다른가요?
이 질문에 관한 대답은 다양할 것입니다.

▶ 자기 삶에서 하나님의 지혜를 어떻게 찾고 있습니까?
예를 들어, 하나님의 말씀을 보는 데 시간을 보내거나 선배 그리스도인에게 조언을 구하는 것 등을 포함할 수 있을 것입니다.

하나님의 이야기
하나님이 그분의 아들
예수 그리스도를 통해
우리를 구속해 주신 이야기

우리의 이야기
우리의 이야기가
하나님의 이야기와
만나는 곳

YOUR MISSION

생 각

낮선 땅과 문화 속에서 다니엘과 세 친구들은 하나님의 백성이라는 정체성을 확고하게 붙들고 신앙을 지키며 살았습니다. 하나님은 그들을 축복하셨고, 주변에 선한 영향력을 끼치는 지도자가 되게 하셨습니다. 이 모든 일은 우연히 일어난 것이 아닙니다. 하나님은 우리의 유익과 기쁨을 위해, 하나님의 영광을 위해 우리를 놀라운 방식으로 사용하기를 열망하십니다.

- 성경에서 하나님이 놀라운 방식으로 젊은이를 사용하시는 예를 찾아봅시다.
  요셉, 여호수아, 갈렙, 다윗, 예레미야, 요시야, 마리아, 디모데 등의 예를 들 수 있습니다.
- 우리는 왜 어른이 되어야 하나님의 쓰임을 받을 수 있다고 생각할까요?
  이 질문에 관한 대답은 다양할 것입니다.

마 음

자신에게 익숙했던 모든 것에서 떨어져 낮선 땅으로 옮겨졌을 때, 다니엘과 세 친구들이 얼마나 힘들었을지 상상해 보세요. 힘든 상황에도 불구하고 그들은 하나님을 향한 믿음과 성경적 세계관의 진리를 굳게 지켰습니다. 그들은 신앙에 근거해 살았고, 하나님은 그들을 보호하셨습니다. 이로 인해 그들은 용감하고 당당하게 모든 상황을 마주할 수 있었습니다.

- 힘든 상황 가운데 신앙이 버팀목이 되어 주었던 때의 이야기를 나누어 보세요.
  이 질문에 관한 대답은 다양할 것입니다.
- 그때 신앙에 근거해서 살지 않았다면, 상황이 어떻게 달라졌을까요?
  이 질문에 관한 대답은 다양할 것입니다.

행 동

유배지 같은 이 세상에서 어떻게 살아가야 할까요? 우리는 모든 상황 중에 역사하시는 하나님의 손길을 기억해야 합니다. 하나님은 우리를 힘든 곳으로 보내실 수 있습니다. 하나님은 자기 백성의 삶에 고난을 허락하시곤 합니다. 그 이유는 고난을 통해 하나님의 주권을 나타내시고, 우리 신앙을 단단하게 하시며, 주님의 지혜와 능력을 보여 주시기 위해서입니다. 또한 자기 영광을 온 열방에 드러내시고, 열방을 하나님께로 이끄시기 위해서입니다.

- 본문의 이야기는 삶에서 겪게 되는 어려움에 관해 무엇을 가르쳐 줍니까?
  이 이야기는 하나님이 자기 영광과 우리 유익을 위해 어려운 상황을 역전시키실 수 있음을 보여 줌으로써 우리 삶에 깃든 하나님의 주권을 강조합니다.
- 우리와 함께하시는 하나님의 신실하심에 관해서는 무엇을 가르쳐 줍니까?
  이 질문에 관한 대답은 다양할 것입니다.

다음 모임까지
잠언 13~20장을
읽어 보세요.

02

그까짓 거, 두렵지 않아!

요 약

오직 하나님만이 우리의 충성과 헌신과 예배를 받으시기에 합당하십니다. 반대와 박해와 삶의 위협 속에서도 우리가 오직 한 분 하나님만이 구원자이심을 믿을 때, 주님이 우리를 붙들어 주실 것입니다. 이번 과에서는 포로 생활 중에도 우상 숭배에 동참하기를 거절했던 세 젊은이를 만날 것입니다. 그들은 하나님이 선하시며 주권자이심을 믿었기에 주님의 보호하심을 확신했습니다. 오늘날 우리가 하나님의 영광을 드러내는 한 가지 방법은 힘든 상황에서도 결과에 상관없이 그리스도께 순종하는 것입니다.

성 경

다니엘 3장 8~30절

HIS STORY

포 인 트	하나님만이 홀로 우리의 절대적인 충성을 받기에 합당하시다.
등 장 인 물	삼위일체 하나님(성부, 성자, 성령) 하나냐, 미사엘, 아사랴(바벨론에 포로로 잡혀간 다니엘의 친구들. 사드락, 메삭, 아벳느고로 이름이 바뀜)
메시지 좌표	지난 과에서는 '다니엘'이라는 이름의 히브리 소년과 그의 세 친구들을 만났습니다. 그들은 예루살렘이 무너진 후 바벨론에 포로로 잡혀 왔습니다. 그들은 포로 생활 중에도 신실했고, 하나님은 그들에게 복을 주셔서 지혜를 주시고 낯선 나라의 고관들에게 호감을 얻게 하셨습니다. 이번 과에서는 바벨론 제국의 우상 숭배에 동참하기를 거절한 젊은이들의 신실함을 보게 될 것입니다. 또한 대적에게서 그들을 보존하시려는 하나님의 의지를 보게 될 것입니다.

도 입　　　　　　　　　　　　　　5~10분

사도 바울은 "이는 내게 사는 것이 그리스도니 죽는 것도 유익함이라"(빌 1:21)라고 고백했습니다. 다시 말해서 "내가 살면 나는 그리스도를 얻습니다. 그런데 내가 죽으면 나는 그리스도를 더 많이 얻게 됩니다. 두 방법 모두 내가 승리하는 길입니다!"라고 말한 것입니다.

짐 엘리엇과 함께 에콰도르의 아우카 부족에게 복음을 전하다가 순교한 네이트 세인트(1923~1956) 선교사는 사도 바울을 떠올린 듯 다음과 같은 글을 남겼습니다. "우리는 기꺼이 죽어야만 한다. 군대에서는 목적을 달성하려면 기꺼이 자기 목숨을 내놓아야 한다고 가르친다. 선교사들도 마찬가지로 자기 목숨을 내놓아야 한다."

선교사뿐 아니라 십자가에 달리신 예수님을 따르는 모든 이가 이 같은 헌신의 삶을 살아야 합니다. 앞 과에서 만났던 세 명의 히브리 소년들, 즉 하나냐, 미사엘, 아사랴는 삶과 죽음이 모두 하나님의 손안에 있음을 깨달았던 것이 틀림없습니다. 그들은 BC 605년에 바벨론 제국에 포로로 잡혀 와서 이름을 사드락, 메삭, 아벳느고로 바꾸어야 했습니다. 이번 과에서는 그들이 '불 앞에서 용기'를 보여 주었을 뿐만 아니라 '불 속에서도 용기'를 보여 주었음을 보게 될 것입니다.

▶ 어떤 삶이 '내게 사는 것이 그리스도니 죽는 것도 유익하다'라고 고백하는 삶일까요?

▶ 하나냐, 미사엘, 아사랴가 그랬던 것처럼 삶과 죽음이 모두 하나님의 손안에, 하나님의 권위 아래 있음을 안다면, 삶이 어떻게 달라 보일까요?

우린 아무 데나 절하지 않아!

느부갓네살왕은 다니엘의 하나님께 경배한 적이 있지만(단 2:46), 믿음이 없어 오래가지 못했습니다. 다니엘 3장에서 그는 머리부터 발끝까지 금으로 덮인, 높이 육십 규빗에 너비 여섯 규빗(참고, '1규빗'은 약 45cm)의 거대한 신상을 세웠습니다(단 3:1). 성경 저자는 금 신상에 담긴 우상 숭배적인 특징을 열거하는 데 엄청난 분량을 할애했습니다. '신상'이라는 단어가 다니엘 3장에서만 10번 이상 사용되는데, 잘 알다시피 하나님의 백성에게는 어떤 종류든 조각된 '우상'을 예배하는 것이 금지되어 있었습니다(출 20:4).

유대인 포로들은 금 신상에 절하라는 왕의 조서에 어떻게 반응했을까요?

⁸그때에 어떤 갈대아 사람들이 나아와 유다 사람들을 참소하니라 ⁹그들이 느부갓네살왕에게 이르되 왕이여 만수무강하옵소서 ¹⁰왕이여 왕이 명령을 내리사 모든 사람이 나팔과 피리와 수금과 삼현금과 양금과 생황과 및 모든 악기 소리를 듣거든 엎드려 금 신상에게 절할 것이라 ¹¹누구든지 엎드려 절하지 아니하는 자는 맹렬히 타는 풀무 불 가운데에 던져 넣음을 당하리라 하지 아니하셨나이까 ¹²이제 몇 유다 사람 사드락과 메삭과 아벳느고는 왕이 세워 바벨론 지방을 다스리게 하신 자이거늘 왕이여 이 사람들이 왕을 높이지 아니하며 왕의 신들을 섬기지 아니하며 왕이 세우신 금 신상에게 절하지 아니하나이다 (단 3:8~12)

왕의 명령대로 금 신상에 경배해야 할 시간이 되었으나, 세 사람은 그대로 서 있었습니다(단 3:12). 거창하게 저항을 알리거나 떠벌리지 않고, 그저 잠잠히 명령에 불복종하며 서 있었던 것입니다. 그러자 정적들이 그들을 악의적으로 비난하기 시작했습니다.

대적들의 술수에 주목해 보세요. 그들은 왕에게 사드락과 메삭과 아벳느고가 '무엇을 하지 않았는지'가 아니라 '무엇을 하고 있는지' 보라고 요청합니다. 대적들은 첫째, "그들이 왕을 높이지 않습니다", 즉 "그들은 당신을 존중하지 않습니다"라고 말했습니다. 둘째, "그들은 왕의 신들을 섬기지 않습니다"라고 말했습니다. 이 말은 사실입니다. 셋째, "그들은 왕이 세우신 금 신상을 경배하지 않습니다"라고 말했습니다. 이것도 맞는 말입니다. 대적들은 그들이 느부갓네살왕에게 절대적인 충성을 바치지 않는다고 고발했습니다.

이제 사드락과 메삭과 아벳느고는 위태로운 상황에 처하게 되었습니다. 대적들이 공개적으로 왕 앞에서 그들을 고발했기 때문에 왕은 체면을 지키기 위해서라도 무엇인가를 해야만 했습니다. 그들의 앞날은 그리 밝아 보이지 않습니다.

불에 던져진대도 안 할 거야!

그들은 군중 심리에 휩쓸리지 않고 용감하게 버텼습니다. (이 사건에서 다니엘은 보이지 않습니다.) 소식을 들은 느부갓네살왕은 크게 분노하며 그들을 데려오라고 명령했습니다(단 3:13). 그리고 고소 내용이 사실인지, 즉 그가 섬기는 신들을 섬기지 않고 그가 세운 금 신상에 절하지 않은 것이 사실인지 그들에게 물었습니다(단 3:14).

[13]느부갓네살왕이 노하고 분하여 사드락과 메삭과 아벳느고를 끌어오라 말하매 드디어 그 사람들을 왕의 앞으로 끌어온지라 [14]느부갓네살이 그들에게 물어 이르되 사드락, 메삭, 아벳느고야 너희가 내 신을 섬기지 아니하며 내가 세운 금 신상에게 절하지 아니한다 하니 사실이냐 [15]이제라도 너희가 준비하였다가 나팔과 피리와 수금과 삼현금과 양금과 생황과 및 모든 악기 소리를 들을 때 내가 만든 신상 앞에 엎드려 절하면 좋거니와 너희가 만일 절하지 아니하면 즉시 너희를 맹렬히 타는 풀무 불 가운데에 던져 넣을 것이니 능히 너희를 내 손에서 건져 낼 신이 누구이겠느냐 하니 [16]사드락과 메삭과 아벳느고가 왕에게 대답하여 이르되 느부갓네살이여 우리가 이 일에 대하여 왕에게 대답할 필요가 없나이다 [17]왕이여 우리가 섬기는 하나님이 계시다면 우리를 맹렬히 타는 풀무 불 가운데에서 능히 건져 내시겠고 왕의 손에서도 건져 내시리이다 [18]그렇게 하지 아니하실지라도 왕이여 우리가 왕의 신들을 섬기지도 아니하고 왕이 세우신 금 신상에게 절하지도 아니할 줄을 아옵소서 [19]느부갓네살이 분이 가득하여 사드락과 메삭과 아벳느고를 향하여 얼굴빛을 바꾸고 명령하여 이르되 그 풀무 불을 뜨겁게 하기를 평소보다 칠 배나 뜨겁게 하라 하고 [20]군대 중 용사 몇 사람에게 명령하여 사드락과 메삭과 아벳느고를 결박하여 극렬히 타는 풀무 불 가운데에 던지라 하니라 [21]그러자 그 사람들을 겉옷과 속옷과 모자와 다른 옷을 입은 채 결박하여 맹렬히 타는 풀무 불 가운데에 던졌더라 [22]왕의 명령이 엄하고 풀무 불이 심히 뜨거우므로 불꽃이 사드락과 메삭과 아벳느고를 붙든 사람을 태워 죽였고 [23]이 세 사람 사드락과 메삭과 아벳느고는 결박된 채 맹렬히 타는 풀무 불 가운데에 떨어졌더라 (단 3:13~23)

그들이 대답하기 전에, 왕이 그들에게 두 번째 기회를 주었습니다. 아마도 그들을 시기하는 대적들이 꼬투리를 잡아 고소했으리라고 짐작했던 것 같습니다. 왕은 그들을 진심으로 좋아했고, 정치적 혼란에서 벗어날 길을 제시해 주려고 했던 것 같습니다. 만약 그들이 왕에게 불순종한 것과 왕이 세운 신상에 절하지 않은 것에 대해 용서를 구했더라면, 모든 것이 '좋은 게 좋은 거지' 하면서 끝났을 수도 있었습니다(단 3:15). 하지만 그들은 그렇게 하지 않았으며, 결국 산 채로 불타는 풀무 불에 던져지는 형벌을 받게 되었습니다.

느부갓네살왕이 이야기의 핵심이 될 질문을 던졌습니다. "어느 신이 너희를 내 손에서 건져 내겠느냐?"(단 3:15). 다시 말해서, "너희가 내 은혜로운 제안을 거절한다면, 누가 너희를 건져 낼 수 있겠느냐?"라고 물은 것입니다.

세 사람은 왕의 질문을 듣고 기뻤습니다. 그 질문에 관한 답이 오래전부터 그들 마음속에 자리 잡고 있었기 때문입니다. 세상 신들에게 경배하고 추앙을 받을 것인지, 아니면 살아 계신 한 분 참 하나님께 예배하고 새까맣게 불태워질 것인지 선택하라고 하면 기꺼이 하나님을 따를 준비가 되어 있었습니다. 결과에 상관없이 다음의 세 가지 사실은 변함이 없습니다. 첫째, 하나님의 종은 오직 하나님께만 절하고, 다른 무엇에도 절하지 않습니다. 둘째, 하나님의 종은 그것이 무엇이든 하나님의 주권적인 목적만을 신뢰합니다. 셋째, 하나님의 종은 하나님의 능력과 보호를 의지하고, 하나님의 섭리 계획 속에 모든 것을 맡깁니다.

거 봐, 우리 하나님이 지켜 주시잖아!

풀무 불에 던져진 젊은이들은 어떻게 되었을까요? 하나님이 그들을 살려 주실까요? 아니면 악한 일이 계속되도록 내버려 두실까요?

이제 이야기가 어떻게 끝나는지 보겠습니다.

24그때에 느부갓네살왕이 놀라 급히 일어나서 모사들에게 물어 이르되 우리가 결박하여 불 가운데에 던진 자는 세 사람이 아니었느냐 하니 그들이 왕에게 대답하여 이르되 왕이여 옳소이다 하더라 25왕이 또 말하여 이르되 내가 보니 결박되지 아니한 네 사람이 불 가운데로 다니는데 상하지도 아니하였고 그 넷째의 모양은 신들의 아들과 같도다 하고 26느부갓네살이 맹렬히 타는 풀무 불 아귀 가까이 가서 불러 이르되 지극히 높으신 하나님의 종 사드락, 메삭, 아벳느고야 나와서 이리로 오라 하매 사드락과 메삭과 아벳느고가 불 가운데에서 나온지라 ²⁷총독과 지사와 행정관과 왕의 모사들이 모여 이 사람들을 본즉 불이 능히 그들의 몸을 해하지 못하였고 머리털도 그을리지 아니하였고 겉옷 빛도 변하지 아니하였고 불탄 냄새도 없었더라 ²⁸느부갓네살이 말하여 이르되 사드락과 메삭과 아벳느고의 하나님을 찬송할지로다 그가 그의 천사를 보내사 자기를 의뢰하고 그들의 몸을 바쳐 왕의 명령을 거역하고 그 하나님 밖에는 다른 신을 섬기지 아니하며 그에게 절하지 아니한 종들을 구원하셨도다 ²⁹그러므로 내가 이제 조서를 내리노니 각 백성과 각 나라와 각 언어를 말하는 자가 모두 사드락과 메삭과 아벳느고의 하나님께 경솔히 말하거든 그 몸을 쪼개고 그 집을 거름 터로 삼을지니 이는 이같이 사람을 구원할 다른 신이 없음이니라 하더라 ³⁰왕이 드디어 사드락과 메삭과 아벳느고를 바벨론 지방에서 더욱 높이니라(단 3:24~30)

결국 세 히브리인들이 결박되어 옷을 입은 채로 "맹렬히 타는 풀무 불 가운데"로 던져졌습니다(단 3:21). 느부갓네살과 그의 충직한 우상 숭배자들은 앉아서 그들이 불에 타는 모습을 지켜봤습니다. 그들은 이것이 왕의 명령에 따르지 않는 자들에게 좋은 본보기가 될 것으로 생각했습니다.

그런데 예상치 못한 일이 일어났습니다. 왕이 깜짝 '놀라 급히 일어날' 정도였습니다(단 3:24). 그들이 죽지 않았기 때문입니다. 심지어 그들은 더 이상 결박되어 있지 않은 채로 맹렬한 풀무 불 속에서 자유롭게 걸어 다니고 있었습니다(단 3:25). 더욱 놀라운 것은 풀무 불 안에 네 사람이 걸어 다니는데, 그중 네 번째 사람은 '신들의 아들'과도 같은 모습이었습니다.

느부갓네살왕은 세 사람을 풀무 불에서 나오게 하여 "불이 능히 그들의 몸을 해하지"(단 3:27) 못한 것을 모든 사람이 보게 했습니다. "머리털도 그을리지 아니하였고 겉옷 빛도 변하지 아니하였고 불탄 냄새도"(단 3:27) 없었습니다. 왕은 곧장 이 모든 일을 "지극히 높으신 하나님"(단 3:26), "사드락과 메삭과 아벳느고의 하나님"(단 3:28) 덕분으로 돌렸습니다. 그가 이전에 "참으로 모든 신들의 신이시요 모든 왕의 주재"(단 2:47)로 고백했던 하나님께 말입니다.

도움이 필요한 자기 백성을 찾아가시는 구주 하나님을 성경에서 찾아봅시다(참조, 출 3:6, 12; 사 43:2; 마 28:18~20; 롬 8:37~39; 히 13:5; 벧전 4:12~14).

알짬 교리99

교회와 하나님 나라

교회와 하나님 나라는 동일하지는 않지만, 밀접하게 연결되어 있습니다. 성경이 하나님 나라에 관해 말할 때는 세상에서의 하나님의 통치를 가리키는 것입니다. 교회란 장차 하나님 나라가 온전히 드러날 것을 고대하며 그분의 사랑의 통치하에 살아가는 하나님의 백성입니다. 교회의 사명은 그리스도를 통한 하나님의 구원 메시지를 선포하고, 선행을 통해 복음의 능력을 나타냄으로써 하나님 나라를 증거하는 것입니다. 그리고 이를 통해 다른 사람들도 하나님의 통치 아래 살아가도록 인도하는 것입니다.

그리스도와의 연결

느부갓네살이 풀무 불 속을 들여다보자, 거기에는 세 사람이 아닌 네 사람이 있었습니다. 그는 네 번째 사람을 보고, 그 모양이 "신들의 아들과 같도다"(단 3:25)라고 말했습니다. 나중에는 그를 가리켜 "천사"(단 3:28)라고 했습니다. 그러나 우리는 그분이 누구신지 잘 압니다. 풀무 불의 네 번째 사람은 '우리와 함께하시는 하나님', 즉 임마누엘로 알고 있는 바로 그분입니다. 불 속에서 그들과 함께 걸었던 그분은 우리를 대신해 십자가에서 하나님의 모든 진노를 견디심으로써 우리가 마땅히 받아야 할 지옥의 화염이 우리의 털 끝 하나도 태우지 못하게 하실 것입니다.

고난의 풀무 불 속에서도 우리가 안심할 수 있는 이유는 하나님의 능력과 임재를 신뢰하기 때문입니다. 하나님이 함께하신다는 사실을 앎으로써 우리 영혼이 기쁨과 소망으로 충만해집니다. 우리를 대신해 불을 견뎌 내심으로써 우리를 영벌에서 구원하신 하나님을 전할 수 있도록 고난 중에도 용기를 주시길 기도합시다.

YOUR STORY

하나님이 들려주시는 이야기는 오늘을 사는 나와 늘 연결되어 있습니다. 아래 질문에 답하면서 성경 이야기가 내 이야기와 어떻게 연결되는지 생각해 봅시다.

▶ **세상 문화나 여론을 따르는 대신 하나님께 순종함으로써 그리스도인이 비판받게 되는 삶의 영역에는 어떤 것이 있나요?**
도덕적인 측면이 있을 수 있습니다. 예를 들어, 육체적 친밀감과 관련해 하나님이 말씀하신 것을 따를 것인지 아니면 세상 문화가 적절하다고 간주하는 것을 따를 것인지를 판단해야 합니다. 구원의 수단에 관한 것도 있을 수 있습니다. 성경은 구원이 오직 은혜로, 믿음을 통해, 예수님이 삶과 죽음과 부활을 통해 성취하신 것에 기초한다고 분명히 밝히고 있습니다.

▶ **그리스도인은 절대적인 충성의 대상이 사람이 아닌 하나님께 있다는 것을 세상에 어떻게 보여줄 수 있을까요?**
하나님의 진리를 자신의 말로 직접 고백하고 행동으로 확증하는 것이 중요합니다.

▶ **설사 하나님이 구해 주시지 않을지라도 하나님을 따르겠다고 했던 사드락과 메삭과 아벳느고의 신앙고백에서 무엇을 배울 수 있습니까?**
그들의 신앙고백에서 배울 수 있는 핵심 진리는 하나님에 대한 순종과 믿음은 우리가 원하는 방식대로 일이 되거나 되지 않는 것에 달려 있지 않다는 것입니다.

▶ **이 이야기는 하나님의 성품과 하나님과 그 백성의 관계에 관해 무엇을 가르쳐 줍니까?**
이 질문에 관한 대답은 다양할 것입니다.

하나님의 이야기
하나님이 그분의 아들
예수 그리스도를 통해
우리를 구속해 주신 이야기

우리의 이야기
우리의 이야기가
하나님의 이야기와
만나는 곳

YOUR MISSION

생 각

일부 학자들은 네 번째 사람이 하나님의 임재를 나타내는 '신현'(theophany)이라고 믿습니다. 다른 학자들은 성삼위 가운데 제2위이신 성자 하나님이 성육신하기 전에 모습을 드러내신 '그리스도의 현현'(Christophany)이라고 주장합니다. 중요한 것은 비록 하나님이 풀무 불을 피할 수 있게 해 주지는 않으셨지만, 불 가운데서 그들을 만나시고 불에서 건져 주셨다는 것입니다.

- **하나님이 시험을 피하도록 해 주지는 않으셨어도 그 가운데서 만나 주신 적이 있나요?**
  하나님은 우리에게 시험을 피할 수 있게 해 주겠다고 약속하지는 않으셨지만, 시험 중에 우리와 함께하실 것이라고 약속하셨습니다. 질문 너머에 있는 이 핵심 내용에 무게를 둘 수 있도록 학생들을 도와주세요.
- **어려움에 맞닥뜨렸을 때, 하나님의 임재를 느낀다면 어떨까요?**
  이 질문에 관한 대답은 다양할 것입니다.

마 음

이 이야기에서 자신이 느부갓네살과 같은 사람이라는 것을 인정하기는 어려울 것입니다. 하지만 생각해 보십시오. 우리도 때때로 자신을 높이지 않습니까? 마치 운명이 하나님의 손이 아닌 자기 손에 달려 있는 듯 행동하곤 하지 않습니까? 정직하게 자신을 돌아본다면, 마음속에 교만이 있고 그 교만 때문에 구원의 하나님이 아닌 자신을 믿게 된다는 결론에 다다를 것입니다.

- **삶의 어떤 영역에서 느부갓네살처럼 교만하게 행동했나요?**
  이 질문의 핵심은 하나님께 덜 의존하고 자기에게 더 의존하는 영역이 어디인지 고민하게 하는 것입니다. 자신이 일상 속에서 하나님을 의지하고 있는지 돌아보게 합니다.
- **교만의 문제를 다룰 때, 히브리 소년들의 신앙에서 어떤 용기를 얻을 수 있나요?**
  이 질문에 관한 대답은 다양할 것입니다.

행 동

하나님을 경외하고 따르는 것이 언제나 환영받는 것은 아닙니다. 하나님을 향한 충성은 때때로 심각한 문제와 생명의 위협을 가져오기도 합니다. 전 세계 많은 그리스도인이 사랑하는 하나님께 신실하게 살고자 하는 것만으로도 비판받고 배척당하며 미움받습니다. 그런데도 그들은 말과 행동으로 사람보다 하나님께 순종하는 것이 마땅하다고 선포합니다(행 5:29).

- **이 이야기는 오늘날 예수님을 따르고 믿음을 지키는 데 어떻게 도움이 되나요?**
  이 질문에 관한 대답은 다양할 것입니다.
- **신앙 문제로 핍박받는 전 세계 믿음의 형제자매들을 어떻게 격려할 수 있을까요?**
  그들을 위해 기도하기, 재정적으로 지원하기, 그들 편에 서서 대변하기 등이 있습니다.

> 다음 모임까지
> 잠 21~24장;
> 왕상 5~6장;
> 대하 2~3장을
> 읽어 보세요.

03

벽에 쓰인 경고문이 보이느냐?

요 약

이 과에서 보게 될 것은 벨사살과 '벽에 쓰인 글씨' 이야기입니다. 이는 "지극히 높으신 하나님이 사람 나라를 다스리시며 자기의 뜻대로 누구든지 그 자리에 세우시는"(단 5:21) 진리를 생생하게 보여 줍니다. 이 사건을 통해 우리는 하나님보다 자신을 더 높이는 세상 나라나 지도자들이 약속하는 안전을 신뢰해서는 안 된다는 사실을 배우게 됩니다. 반역의 결과를 안다면, 하나님의 경고에 주의하고 다른 사람들에게 하나님의 심판을 경고해야 합니다.

성 경

다니엘 5장 1~9절, 13~31절

HIS STORY

포 인 트	하나님은 교만한 자를 심판하신다.
등 장 인 물	삼위일체 하나님(성부, 성자, 성령) 벨사살(바벨론 제국의 왕. 느부갓네살왕의 손자) 다니엘(예루살렘 멸망 후 바벨론에 포로로 잡혀감. 포로 생활 중에도 하나님께 신실했음)
메시지 좌표	바벨론에 새로운 왕이 즉위했습니다. 느부갓네살의 손자 벨사살이 왕권을 잡았는데, 가족의 죄성이 그대로 이어졌습니다. 그는 잔치에서 사용하려고 하나님의 성전에서 기물을 가져오게 했습니다. 그뿐 아니라 손님들과 함께, 한 분 참 하나님께 드려진 물건들로 다른 신들을 찬양했습니다. 하나님이 능력과 위엄과 권위의 표시로 벽에 글씨를 쓰심으로써 벨사살에게 메시지를 보내셨습니다. 지혜자들을 불렀지만, 다니엘을 제외한 그 누구도 그 메시지를 해석하지 못했습니다.

도 입

5~10분

하나님이 손가락으로 두 돌 판에 십계명을 쓰셨던 것처럼(출 31:18), 벨사살과 잔치 손님들 앞에서 벽에 경고 메시지를 기록하셨습니다. 이를 통해 하나님은 우리에게 행동에 따른 결과를 경고하십니다. 칠판이나 큰 종이에 다음 내용을 쓰세요. '하나님의 경고, 하나님의 심판, 하나님 대신 사람의 능력을 의지함, 영원한 하나님 나라 대신 유한한 세상 것에 자기 안전을 맡기는 것, 하나님보다 자기를 높이는 것, 죄를 회개하지 않는 것과 그 결과.' 학생들에게 둘씩 짝을 이루어 각 주제를 보여 주는 성경 이야기를 찾아보게 하세요. 자원자들에게 찾은 답을 나누게 한 다음, 이러한 주제나 이야기를 우리 삶에 어떻게 적용할지에 관해 생각해 보게 하세요.

▶ 하나님은 죄의 결과를 어떻게 경고하셨나요? 여기에 우리는 어떻게 반응해야 하나요?

▶ 자기 안전을 위해 하나님보다 다른 사물이나 사람을 신뢰한 적이 있나요?

▶ 죄를 계속 범하면서 우리 안전과 믿음을 잘못된 것에 두는 행위는 어떻게 하나님보다 자신을 스스로 높이게 할까요?

도대체 뭐라고 쓰인 거야?

히브리 사람들은 바벨론 제국에 패배해서 포로 생활을 하고 있었지만, 하나님은 여전히 그들을 다스리고 계셨습니다. 그들은 하나님의 손길을 느낄 수 없어도, 하나님을 신뢰해야 한다는 사실을 배우고 있었습니다. 다니엘 4장과 5장 사이에는 대략 20년 정도의 연대기적 간격이 있습니다. 지금까지 우리는 느부갓네살왕을 다루었는데, 이번에는 그 후계자인 벨사살왕을 만날 것입니다.

[1]벨사살왕이 그의 귀족 천 명을 위하여 큰 잔치를 베풀고 그 천 명 앞에서 술을 마시니라 [2]벨사살이 술을 마실 때에 명하여 그의 부친 느부갓네살이 예루살렘 성전에서 탈취하여 온 금, 은 그릇을 가져오라고 명하였으니 이는 왕과 귀족들과 왕후들과 후궁들이 다 그것으로 마시려 함이었더라 [3]이에 예루살렘 하나님의 전 성소 중에서 탈취하여 온 금 그릇을 가져오매 왕이 그 귀족들과 왕후들과 후궁들과 더불어 그것으로 마시더라 [4]그들이 술을

도입 선택

미국 대부분의 주에서 운전면허증이나 운전허가증을 받기 위해 자동차 관리국(Department of Motor Vehicles)에 가면, 운전 시험뿐 아니라 도로표지판 시험도 봐야 합니다. 건설 표지판, 방향 표지판, 경고 표지판, 규제 표지판, 지역 명소 표지판 등 다양한 종류의 표지판이 있습니다. 도로 표지판의 모양과 색깔은 서로 다른 의미를 나타냅니다.

• *도로에서 방향이나 경고를 나타내는 표지판에는 어떤 것들이 있나요?*

도로 표지판이 방향을 알려 주고, 앞으로 일어날 변화나 어려움을 미리 경고해 주는 것처럼 하나님은 말씀과 자기 백성을 통해 우리에게 경고하십니다. 이번 과에서 하나님은 다니엘을 통해 벨사살에게 경고하셨습니다. 벨사살은 하나님보다 자신을 더 신뢰했고, 하나님보다 자신을 더 높였으며, 자기 죄를 회개하지 않았습니다. 하나님은 다니엘을 통해 그의 불순종 때문에 닥칠 심판을 경고하셨습니다.

• *하나님은 살면서 범하는 죄와 그 결과에 관해 어떻게 경고하십니까? 나의 삶에서 하나님과 그분께 순종하는 일을 우선으로 삼기 위해서는 어떻게 해야 할까요?*

마시고는 그 금, 은, 구리, 쇠, 나무, 돌로 만든 신들을 찬양하니라 ⁵그때에 사람의 손가락들이 나타나서 왕궁 촛대 맞은편 석회벽에 글자를 쓰는데 왕이 그 글자 쓰는 손가락을 본지라 ⁶이에 왕의 즐기던 얼굴빛이 변하고 그 생각이 번민하여 넓적다리 마디가 녹는 듯하고 그의 무릎이 서로 부딪친지라 ⁷왕이 크게 소리 질러 술객과 갈대아 술사와 점쟁이를 불러 오게 하고 바벨론의 지혜자들에게 말하되 누구를 막론하고 이 글자를 읽고 그 해석을 내게 보이면 자주색 옷을 입히고 금사슬을 그의 목에 걸어 주리니 그를 나라의 셋째 통치자로 삼으리라 하니라 ⁸그때에 왕의 지혜자가 다 들어왔으나 능히 그 글자를 읽지 못하며 그 해석을 왕께 알려 주지 못하는지라 ⁹그러므로 벨사살왕이 크게 번민하여 그의 얼굴빛이 변하였고 귀족들도 다 놀라니라 (단 5:1~9)

모든 권세를 가진 바벨론의 벨사살왕은 오래도록 기억에 남을 만한 큰 잔치를 벌였습니다. 그러나 그는 자신이 바벨론의 마지막 왕이 되리라는 사실을 알지 못했습니다. 당시 메대의 다리오왕은 바벨론을 공격해 그 제국을 끝내려던 참이었습니다.

그 잔치에서 악한 일이 많이 이루어졌는데, 그중에 술 취함과 신성 모독도 포함되었습니다. 술에 취해 인사불성이 된 벨사살은 "그의 부친 느부갓네살이 예루살렘 성전에서 탈취하여 온 금, 은 그릇을 가져오라"고 명령했습니다. 그것에 술을 담아 마시려고 했던 것입니다. 그들은 거짓 신들을 찬양함으로써 우상 숭배의 죄까지 더했습니다. 벨사살은 유대인의 하나님을 조롱하고, 바벨론의 신들의 우월성을 찬양하려고 일부러 그런 것이었습니다.

그러다 갑자기 왕이 정신을 번쩍 차렸습니다. 무엇이 그를 현실로 확 잡아끌었을까요? 히브리 백성에게 줄 십계명을 친히 쓰셨던 손가락이 불경스러운 벨사살의 죄와 임박한 심판을 기록했습니다 (참조, 출 31:18; 신 9:10).

왕은 불안함에 무엇이든 붙잡으려고 애를 썼습니다. 하지만 그것은 어리석고 우스꽝스러운 노력에 불과했습니다. 그는 술객과 갈대아 술사와 점쟁이를 데려오라고 소리쳤습니다. 벽에 쓰인 글씨를 읽고 해석해 주기만 하면 그 지혜자에게 부와 명예와 지위를 주겠다고 약속했습니다. 그러나 지혜자들을 신뢰하는 것이 얼마나 쓸모없고 어리석은 일인지가 다시 한 번 판명 났습니다. 왕은 그제야 자신이 큰 위험에 처해 있음을 깨달았습니다.

어려운 상황에서 역사하고 계신 하나님을 보지 못한다고 하더라도 그분을 신뢰해야 한다는 사실을 경험으로 깨달았던 적이 있나요?

다니엘이니까 해석할 수 있어

노년의 다니엘이 벽에 쓰인 글씨를 해석하도록 벨사살왕 앞에 부름받았습니다. 그는 먼저 역사와 성경의 가르침에 대해 간단히 설명하며 훈계했습니다. 느부갓네살에게서 '교만은 패망의 선봉'이라는 교훈을 배우지 못하고 죄를 지은 벨사살에게 다니엘은 이렇게 말한 셈입니다. "벨사살왕 당신은 느부갓네살왕과 똑같이 행하고 있습니다." 하나님을 대적해 자기를 높이는 자는 결국 무너질 것입니다.

[13]이에 다니엘이 부름을 받아 왕의 앞에 나오매 왕이 다니엘에게 말하되 네가 나의 부왕이 유다에서 사로잡아 온 유다 자손 중의 그 다니엘이냐 [14]내가 네게 대하여 들은즉 네 안에는 신들의 영이 있으므로 네가 명철과 총명과 비상한 지혜가 있다 하도다 [15]지금 여러 지혜자와 술객을 내 앞에 불러다가 그들에게 이 글을 읽고 그 해석을 내게 알게 하라 하였으나 그들이 다 그 해석을 내게 보이지 못하였느니라 [16]내가 네게 대하여 들은즉 너는 해석을 잘하고 의문을 푼다 하도다 그런즉 이제 네가 이 글을 읽고 그 해석을 내게 알려 주면 네게 자주색 옷을 입히고 금 사슬을 네 목에 걸어 주어 너를 나라의 셋째 통치자로 삼으리라 하니 [17]다니엘이 왕에게 대답하여 이르되 왕의 예물은 왕이 친히 가지시며 왕의 상급은 다른 사람에게 주옵소서 그럴지라도 내가 왕을 위하여 이 글을 읽으며 그 해석을 아뢰리이다 [18]왕이여 지극히 높으신 하나님이 왕의 부친 느부갓네살에게 나라와 큰 권세와 영광과 위엄을 주셨고 [19]그에게 큰 권세를 주셨으므로 백성들과 나라들과 언어가 다른 모든 사람들이 그의 앞에서 떨며 두려워하였으며 그는 임의로 죽이며 임의로 살리며 임의로 높이며 임의로 낮추었더니 [20]그가 마음이 높아지며 뜻이 완악하여 교만을 행하므로 그의 왕위가 폐한 바 되며 그의 영광을 빼앗기고 [21]사람 중에서 쫓겨나서 그의 마음이 들짐승의 마음과 같았고 또 들나귀와 함께 살며 또 소처럼 풀을 먹으며 그의 몸이 하늘 이슬에 젖었으며 지극히 높으신 하나님이 사람 나라를 다스리시며 자기의 뜻대로 누구든지 그 자리에 세우시는 줄을 알기에 이르렀나이다 [22]벨사살이여 왕은 그의 아들이 되어서 이것을 다 알고도 아직도 마음을 낮추지 아니하고 [23]도리어 자신을 하늘의 주재보다 높이며 그의 성전 그릇을

왕 앞으로 가져다가 왕과 귀족들과 왕후들과 후궁들이 다 그것으로 술을 마시고 왕이 또 보지도 듣지도 알지도 못하는 금, 은, 구리, 쇠와 나무, 돌로 만든 신상들을 찬양하고 도리어 왕의 호흡을 주장하시고 왕의 모든 길을 작정하시는 하나님께는 영광을 돌리지 아니한지라 24이러므로 그의 앞에서 이 손가락이 나와서 이 글을 기록하였나이다(단 5:13~24)

다니엘은 무례하지 않으면서도 분명하게 대답했습니다. 바꿔 말하면, "당신 것은 당신이 갖든지 다른 사람에게 주십시오. 그런 것은 필요 없을뿐더러 갖고 싶지도 않습니다"라고 한 셈입니다. 그는 자신이 가진 해석하는 지혜가 하나님께로부터 나오는 것임을 알고 있었습니다. 그는 자기 은사를 왕에게 상을 받기 위해 사용하지 않고, 왕에게 하나님의 메시지를 전하기 위해 사용했습니다.

나라가 망하고, 왕이 죽을 것이다

마침내 다니엘이 글씨를 해석했지만, 그것은 벨사살에게는 나쁜 소식이었습니다. 벨사살은 자신의 교만, 오만, 신성 모독, 우상 숭배에 대해 회개하는 모습을 전혀 보이지 않았습니다. 그날 밤 벨사살은 죽었고, 메대의 다리오가 나라를 빼앗았습니다. 바벨론 왕은 하나님을 모욕했습니다. 그는 자기 죄를 대면했음에도 회개하지 않았는데, 이런 경우 하나님의 심판은 번개만큼이나 신속하게 이루어집니다.

25기록된 글자는 이것이니 곧 메네 메네 데겔 우바르신이라 26그 글을 해석하건대 메네는 하나님이 이미 왕의 나라의 시대를 세어서 그것을 끝나게 하셨다 함이요 27데겔은 왕을 저울에 달아 보니 부족함이 보였다 함이요 28베레스는 왕의 나라가 나뉘어서 메대와 바사 사람에게 준 바 되었다 함이니이다 하니 29이에 벨사살이 명하여 그들이 다니엘에게 자주색 옷을 입히게 하며 금 사슬을 그의 목에 걸어 주고 그를 위하여 조서를 내려 나라의 셋째 통치자로 삼으니라 30그날 밤에 갈대아 왕 벨사살이 죽임을 당하였고 31메대 사람 다리오가 나라를 얻었는데 그때에 다리오는 육십이 세였더라(단 5:25~31)

성경을 아는 사람들에게 이것은 그리 놀라운 일이 아닙니다. 하나님의 선지자들이 바벨론 제국의 운명을 이미 예언한 바 있기 때문입니다. 그들은 이 제국이 인간의 시간표가 아닌 하나님의 시간표에 따라 오늘 있다가 내일 사라져 버릴 수도 있는 것에 불과함을 알았습니다.

알짬 교리99

전능하신 하나님

하나님은 전능하십니다. 하나님은 뜻하시는 일은 무엇이든지 하실 수 있습니다. 거대한 태양계에서부터 미세한 입자에 이르기까지 하나님 자신이 창조한 온 우주 만물에 대해 권세와 권능을 가지고 계십니다. 하나님이 전능하시다면 하나님도 죄를 지으실 수 있을까요? 그렇지 않습니다. 하나님은 자기 성품과 본질에 위배되는 일을 뜻하지 않으시기 때문입니다. 죄를 짓는 일은 하나님의 완전한 도덕적 성품에 어긋나는 일입니다. 그렇기 때문에 하나님은 전능하시지만 죄짓는 일을 의도하지 않으시며, 그러한 일을 하실 수도 없습니다. 그리스도인으로서 우리는 전능하신 하나님이 선하시다는 믿음 안에서 안식을 누리며, 전능하신 하나님이 우리의 유익과 기쁨을 위해 일하고 계신다는 사실을 아는 데서 큰 위안을 얻습니다.

그리스도와의 연결

이 이야기에서 포로 다니엘은 교만, 오만, 신성 모독, 우상 숭배 등의 죄에 빠진 세상 권세자들에게 맞섰습니다. 그는 세상의 우상 숭배자들이 매수하거나 꾈 수 없는 흠잡을 데 없는 인물이었습니다. 왜 그럴까요? 놀라운 지혜를 지닌 이 사람 속에 거룩하신 하나님의 영이 계셨기 때문입니다(단 5:11). 이방인조차 그를 "마음이 민첩하고 지식과 총명이 있어 능히 꿈을 해석하며 은밀한 말을 밝히며 의문을 풀 수"(단 5:12) 있는 사람이라고 좋게 평가했을 정도였습니다.

이는 1세기에 등장한 유다 출신의 또 다른 포로에 관한 평가와 유사합니다. 그의 이름은 예수로, 그분은 자신에 관해 "주의 성령이 내게"(눅 4:18) 임하셨다고 말했습니다. 훗날 그분의 대적들도 지금까지 그분처럼 말한 사람이 없었다고 인정했습니다(요 7:46). 다니엘은 장차 오실 메시아를 예표합니다.

다니엘의 지혜와 능력과 지위가 요셉과 비슷하다는 점에서(창 37~50장) 그의 삶은 뒤를 돌아보게 합니다. 하지만 죄지은 인류를 위한 하나님의 지혜의 중재자라는 점에서 그의 삶은 하나님과 인류 사이의 궁극적인 중보자이신 주 예수 그리스도(딤전 2:5)를 내다보게 합니다. 바울이 하나님으로부터 나신 "지혜"로 부르며(고전 1:30), "그 안에는 지혜와 지식의 모든 보화가 감추어져" 있다고 말했던 바로 그분이십니다(골 2:3).

YOUR STORY

하나님이 들려주시는 이야기는 오늘을 사는 나와 늘 연결되어 있습니다. 아래 질문에 답하면서 성경 이야기가 내 이야기와 어떻게 연결되는지 생각해 봅시다.

▶ 벨사살의 죄는 그로 하여금 주변에서 일어나는 일에 둔감하고 무지하게 만들었습니다. 오늘날 우리의 감각을 둔감하게 하는 죄에는 어떤 것들이 있을까요? 왜 죄는 우리의 눈을 멀게 하고, 현실에 무감각하게 만들까요?
지속적인 죄는 하나님의 것에 둔감하게 하고, 마음을 굳어지게 합니다. 지속적으로 부도덕한 성적 행위를 하고, 학교에서 부정한 일을 계속 저지른다면, 그 사람은 죄가 자신을 상하게 할 뿐만 아니라 주변 사람들에게까지 영향을 끼친다는 사실을 전혀 깨닫지 못할 것입니다.

▶ 다니엘과 벨사살 사이에 두드러지게 차이 나는 기질은 무엇인가요? 둘 중에 어느 기질이 내 삶에 더 많이 나타나나요?
이 질문에 관한 대답은 다양할 것입니다.

▶ 죄나 교만에서 떠나라고 하나님이 경고하시는 것을 느낀 적이 있나요?
이 질문에 관한 대답은 다양할 것입니다.

▶ 이 이야기는 세상의 지혜와 하나님의 지혜에 관해 어떤 가르침을 주나요? 우리는 어떤 것에 귀 기울여야 할까요?
이 질문에 관한 대답은 다양할 것입니다. 우리는 하나님의 지혜에 귀 기울여야 합니다.

하나님의 이야기
하나님이 그분의 아들 예수 그리스도를 통해 우리를 구속해 주신 이야기

우리의 이야기
우리의 이야기가 하나님의 이야기와 만나는 곳

YOUR MISSION

5~10분

생 각

다니엘 2장에서 바벨론의 '지혜자들'은 느부갓네살의 꿈을 해석하지 못해 다니엘이 위기를 모면하게 한 바 있습니다. 또다시 그들이 소환되었지만, 이번에도 벽에 쓰인 하나님의 메시지를 해석하지 못했습니다. 우리는 세상의 지혜가 아니라 하나님이 주시는 변함없는 지혜를 신뢰해야 합니다.

- 세상의 지혜와 성경에 계시된 지혜 중에서 하나를 선택하라는 압력을 받은 적이 있나요? 어떤 선택을 했으며, 그 결과는 어땠나요?
  이 질문에 관한 대답은 다양할 것입니다.

- 성경적 지혜가 세상의 지혜에 대해 항상 승리할 것이라는 확신을 가질 수 있는 이유는 무엇인가요?
  성경적 지혜는 알아야 할 것을 알려 줄 뿐만 아니라 잘사는 방법도 가르쳐 줍니다. 성경적 지혜는 일상생활과 직접적으로 연결되어 있기 때문에 항상 최선의 결정이 될 것입니다.

마 음

이 이야기는 교만한 마음이 지닌 영적인 위험성을 다시 한 번 상기시켜 줍니다. 벨사살은 교만했고, 그래서 성전에서 훔친 기물들을 함부로 다루며 기뻐했습니다. 성경이 분명하게 밝히듯이, 하나님은 교만한 자는 심판하시지만, 겸손히 하나님을 의지하는 사람에게는 은혜를 베푸십니다(약 4:6; 벧전 5:5).

- 다른 사람의 교만은 잘 보이지만, 나의 교만은 잘 보이지 않는 이유는 무엇일까요?
  이 질문에 관한 대답은 다양할 것입니다.

- 내 삶에서 교만이 겉으로 드러나는 영역은 어떤 것인가요?
  이 질문에 관한 대답은 다양할 것입니다.

행 동

이 이야기는 결과에 상관없이 진리의 편에 서는 방법을 가르쳐 줍니다. 나아가 죄 가운데 있어서 회개가 필요한 사람들에게 정중하게 회개를 촉구하는 방법도 가르쳐 줍니다. 다니엘은 다른 이들에게 회개를 촉구해야 할 때, 진심으로 진리를 말하는 방법을 우리에게 가르쳐 줍니다.

- 자신 또는 주변 사람이 결과에 상관없이 진리의 편에 섰던 때의 이야기를 들려주세요.
  이 질문에 관한 대답은 다양할 것입니다.

- '진리를 말하는 것'과 '진리를 말할 때 정중하게 대하는 것', 두 가지 모두에 초점을 맞추어야 하는 이유는 무엇일까요?
  말과 말투는 서로 밀접하게 연결되어 있습니다. 우리는 일상적인 만남에서 진리의 전달자로서 그것을 잘 전하도록 부름받았습니다.

다음 모임까지
왕상 7~8장;
시 11편; 대하 4~7장;
시 134편; 136편을
읽어 보세요.

04

사자 굴도
무섭지 않아

요 약

이번 과에서는 다리오왕을 섬기는 다니엘을 만납니다. 왕의 조서 때문에 다니엘은 사자 굴에 던져졌습니다. 하나님의 초자연적인 도우심으로 다니엘은 사자의 발톱과 이빨을 피할 수 있었습니다. 이 사건을 통해 온 열방이 다니엘의 하나님은 "살아 계시는 하나님이시요 영원히 변하지 않으실 이시며 그의 나라는 멸망하지 아니할 것이요 그의 권세는 무궁할 것"이라는 사실을 알게 될 것입니다(단 6:26). 다니엘은 하나님의 백성은 어떤 상황에서도 하나님을 믿고 순종하면서 용기를 보여 주어야 함을 증명했습니다. 담대한 믿음의 고백은 예수님이 한 분 참된 왕이심을 세상에 알리는 신호입니다.

성 경

다니엘 6장 1~28절

HIS STORY

포 인 트	하나님은 주님을 의지하는 이들을 구원하심으로써 스스로 영화롭게 하신다.
등 장 인 물	삼위일체 하나님(성부, 성자, 성령) 다니엘(예루살렘 멸망 후 바벨론에 포로로 잡혀감. 포로 생활 중에도 하나님께 신실했음) 다리오왕(다니엘이 모시던 메대-바사의 왕)
메시지 좌표	이제 다니엘은 다리오왕의 총리 중 한 사람이 되었습니다. 이번 과에서 우리는 왕 앞에서 다니엘의 영향력을 높여 주시는 하나님의 은혜와, 사자 굴에 던져진 그를 구하시는 하나님의 능력을 보게 됩니다. 하나님의 초자연적인 도움으로 다니엘은 사자의 발톱과 이빨을 피할 수 있었습니다. 다니엘은 우리에게 용기 있는 믿음의 모범을 보여 줍니다.

도 입

5~10분

인물과 사건을 연결해서 맞추는 성경 상식 게임을 해 본 적이 있습니까? 여기 몇 가지 예가 있습니다.

아담과 ______. 가인과 ______. 노아와 ______. 야곱과 ______. 삼손과 ______. 다윗과 ______. 소돔과 ______. ______에 있던 요나. ______에 있던 다니엘.

다니엘에 해당하는 답은 무엇일까요? 대부분 '사자 굴'을 떠올릴 것입니다.

이제 우리는 다니엘서에서 가장 유명한 장면에 이르게 되었습니다. 지난 과에서 살펴본 바와 같이, 하나님의 사람 다니엘은 느부갓네살왕 시대에 "명철과 총명과 지혜"로 바벨론을 다스렸습니다(단 5:11). 그는 "신들의 영"이 깃든 사람, "민첩한 마음"(5:12)의 소유자로 명망이 높았습니다. 사람들은 다니엘을 "명철과 총명과 비상한 지혜"(5:14)가 있는 사람이라고 평가했으며, 이는 바벨론 제국의 마지막 왕인 벨사살의 통치 때까지 이어졌습니다. 그 지역을 차지하게 된 다리오왕은 바벨론 사람들과 의견을 나눈 후 다니엘을 요직에 임명했습니다. 그러나 다니엘은 곧 큰 위기에 직면하게 됩니다. 믿음을 시험받게 된 것입니다. 신실하게 살아온 80대 노인이 그를 갈기갈기 찢으려는 굶주린 사자들이 있는 구덩이에 던져지는 모습을 보게 될 것입니다. 왜 이런 일이 일어나게 된 것일까요? 그것은 그가 기도를 멈추지 않았기 때문입니다.

▶ 사자 굴에 던져진 다니엘의 이야기에 관해 어떤 것을 알고 있습니까? 이 이야기가 널리 알려지게 된 이유는 무엇일까요?

다니엘, 네가 죽었으면 좋겠어

다니엘이 권세를 얻은 것은 그의 능력이 아니라 하나님의 역사 덕분이었습니다. 그가 하나님과 동행했기 때문입니다. 많은 사람이 깨닫고 고백하는 것처럼, 정상에 선다는 것은 외로운 일입니다. 성공할수록 적이 늘어 가고, 복을 누릴수록 악인의 질투를 받게 됩니다. 다니엘에게도 그를 시기해 끌어내리려는 이들이 있었습니다.

도입 선택

우리는 아무리 바빠도 자기에게 중요한 일에는 시간을 할애합니다. 이번 주 중에 시간을 내어 한 일의 목록을 작성하게 하세요. 운동, 관람, 친구 또는 가족과 함께한 시간 등이 포함될 것입니다. 우리는 하고 싶은 활동이나 이루고 싶은 목적을 위해 시간을 할애함으로써 평생 따를 패턴이나 습관을 만듭니다. 하기로 작정한 것을 끝내기 위해 자신과 자신의 일을 '드러내는 방법'도 배웁니다.

- *작정해 둔 일이 있습니까?*
- *작정한 일을 하지 못한 적이 있나요? 무슨 일이 있었나요?*

다니엘은 하나님께 온전히 헌신했습니다. 그는 젊었을 때도 그가 처한 상황이 어떠하든 하나님께 충성했습니다. 그는 하나님을 온전히 따르기로 헌신하는 습관과 '삶'을 만들었습니다. 하나님을 예배하는 일로 위협을 받게 되었을 때도 다니엘은 늘 해 왔던 대로 자신의 일을 계속했습니다. 하나님은 그런 그를 죽음에서 신실하게 구해 주셨습니다.

¹다리오가 자기의 뜻대로 고관 백이십 명을 세워 전국을 통치하게 하고 ²또 그들 위에 총리 셋을 두었으니 다니엘이 그중의 하나이라 이는 고관들로 총리에게 자기의 직무를 보고하게 하여 왕에게 손해가 없게 하려 함이었더라 ³다니엘은 마음이 민첩하여 총리들과 고관들 위에 뛰어나므로 왕이 그를 세워 전국을 다스리게 하고자 한지라 ⁴이에 총리들과 고관들이 국사에 대하여 다니엘을 고발할 근거를 찾고자 하였으나 아무 근거, 아무 허물도 찾지 못하였으니 이는 그가 충성되어 아무 그릇됨도 없고 아무 허물도 없음이었더라 ⁵그들이 이르되 이 다니엘은 그 하나님의 율법에서 근거를 찾지 못하면 그를 고발할 수 없으리라 하고 ⁶이에 총리들과 고관들이 모여 왕에게 나아가서 그에게 말하되 다리오왕이여 만수무강 하옵소서 ⁷나라의 모든 총리와 지사와 총독과 법관과 관원이 의논하고 왕에게 한 법률을 세우며 한 금령을 정하실 것을 구하나이다 왕이여 그것은 곧 이제부터 삼십일 동안에 누구든지 왕 외의 어떤 신에게나 사람에게 무엇을 구하면 사자 굴에 던져 넣기로 한 것이니이다 ⁸그런즉 왕이여 원하건대 금령을 세우시고 그 조서에 왕의 도장을 찍어 메대와 바사의 고치지 아니하는 규례를 따라 그것을 다시 고치지 못하게 하옵소서 하매 ⁹이에 다리오왕이 조서에 왕의 도장을 찍어 금령을 내니라 ¹⁰다니엘이 이 조서에 왕의 도장이 찍힌 것을 알고도 자기 집에 돌아가서는 윗방에 올라가 예루살렘으로 향한 창문을 열고 전에 하던 대로 하루 세 번씩 무릎을 꿇고 기도하며 그의 하나님께 감사하였더라(단 6:1~10)

본문은 다니엘이 뛰어났으며, 주변 사람들이 그것을 인정했다고 말합니다. 그런데 몇몇 고관이 그를 시기하고 질투해서 그의 명성을 훼손하려는 음모를 꾸몄습니다. 하지만 한 가지 문제가 있었습니다. "그가 충성되어 아무 그릇됨도 없고 아무 허물도 없"으므로 "아무 근거, 아무 허물도 찾지" 못했던 것입니다(4절).

다니엘은 근로자와 공직자의 모범이었습니다. 하나님과 동행한 다니엘은 늘 한결같았습니다. 비상사태나 위기가 발생했을 때, 다니엘은 이미 대처할 준비가 되어 있었습니다. 다니엘의 성품은 하나님과의 일상 교제로 만들어졌습니다. 그는 자신이 누구이며, 무엇이 필요한지 잘 알고 있었습니다.

고관들은 다니엘을 넘어뜨리기 위해서는 그의 절개를 이용해야 한다는 것을 알았습니다. 그들은 다리오왕을 조종해 금령을 세우고 고칠 수 없게 한 후 다니엘이 그 명령에 불순종하게 함으로써 궁지로 몰아넣으려고 했습니다. 그들의 목적은 다니엘이 좌천되는 것만이 아니었습니다. 그들은 다니엘

가스펠 프로젝트

이 죽는 것을 보고 싶어 했습니다.

기도 금지령이 내려졌다는 소식을 듣고 다니엘은 어떻게 했을까요? 그는 늘 하던 대로 하며, 사람이 아닌 하나님께 순종했습니다. 그는 집으로 돌아가서 기도 자리가 있는 윗방으로 올라가 예루살렘을 향해 창문을 열었습니다. 그리고 "전에 하던 대로 하루 세 번씩 무릎을 꿇고 기도하며"(단 6:10) 하나님께 감사했습니다.

그래도 난 기도를 멈추지 않아

경건한 하나님의 백성은 그들이 직면한 상황이 어떠하든, 어떤 일이 일어나든 상관없이 늘 하나님께 신실하려고 노력합니다. 본문은 구원의 하나님을 전적으로 의지하는 다니엘의 모습을 보여 줍니다.

[11]그 무리들이 모여서 다니엘이 자기 하나님 앞에 기도하며 간구하는 것을 발견하고 [12]이에 그들이 나아가서 왕의 금령에 관하여 왕께 아뢰되 왕이여 왕이 이미 금령에 왕의 도장을 찍어서 이제부터 삼십 일 동안에는 누구든지 왕 외의 어떤 신에게나 사람에게 구하면 사자 굴에 던져 넣기로 하지 아니하였나이까 하니 왕이 대답하여 이르되 이 일이 확실하니 메대와 바사의 고치지 못하는 규례니라 하는지라 [13]그들이 왕 앞에서 말하여 이르되 왕이여 사로잡혀 온 유다 자손 중에 다니엘이 왕과 왕의 도장이 찍힌 금령을 존중하지 아니하고 하루 세 번씩 기도하나이다 하니 [14]왕이 이 말을 듣고 그로 말미암아 심히 근심하여 다니엘을 구원하려고 마음을 쓰며 그를 건져 내려고 힘을 다하다가 해가 질 때에 이르렀더라 [15]그 무리들이 또 모여 왕에게로 나아와서 왕께 말하되 왕이여 메대와 바사의 규례를 아시거니와 왕께서 세우신 금령과 법도는 고치지 못할 것이니이다 하니 [16]이에 왕이 명령하매 다니엘을 끌어다가 사자 굴에 던져 넣는지라 왕이 다니엘에게 이르되 네가 항상 섬기는 너의 하나님이 너를 구원하시리라 하니라 [17]이에 돌을 굴려다가 굴 어귀를 막으매 왕이 그의 도장과 귀족들의 도장으로 봉하였으니 이는 다니엘에 대한 조치를 고치지 못하게 하려 함이었더라 [18]왕이 궁에 돌아가서는 밤이 새도록 금식하고 그 앞에 오락을 그치고 잠자기를 마다하니라(단 6:11~18)

다리오왕은 이야기를 전해 듣고 심히 근심하면서, 다니엘을 구할 방법을 찾고자 노력했습니다. 불행하게도 그는 자기가 놓은 덫에 걸린 꼴이 되었습니다. 사악한 총리들이 메디아(메대)와 페르시아(바사)의 다시 고칠 수 없는 규례에 관한 법적 구속력을 왕에게 상기시켰습니다. 왕도 자기가 만든 법에 구속된 것입니다.

더욱 중요한 것은 이 악한 사람들이 하나님께 신실한 사람인 다니엘을 믿고 의지해 왔었다는 사실입니다. 다니엘은 과거의 신실함이 현재의 신실함을 대신할 수 없음을 알았습니다. 실제로 그에게 과거란 현재와 미래를 준비하게 했을 뿐이었습니다. 사람의 성품은 역경의 순간에 빚어지는 것이 아니라 역경의 순간에 드러납니다.

다니엘은 그의 친구들, 즉 사드락과 메삭과 아벳느고가 불타는 풀무 불 속에서 겪은 일을 알고 있었습니다. 그는 그들과 똑같은 신념과 용기를 보이며 믿음 가운데 흔들리지 않았습니다. 그의 친구들이 느부갓네살왕에게 하나님을 향한 그들의 충성은 모든 우상을 능가한다고 고백했던 것처럼, 다니엘은 다리오왕에게 하나님을 향한 자신의 신실함이 논쟁이나 표결의 대상이 아님을 증명했습니다.

다리오왕은 자신이 내린 결정을 돌이킬 수 없었기에 다니엘을 끌어다가 사자 굴에 던져 넣으라고 명령할 수밖에 없었습니다. 그 굴은 아마도 입구가 위에 있는 구덩이였던 것 같습니다. 왕은 다니엘의 무덤이 될 그 구덩이를 왕의 도장으로 봉했습니다. 도장이 찍혔을 때 고관들은 정말로 기뻤을 것입니다.

역시 다니엘의 하나님이시구나

새벽에 동이 트자마자 다리오왕은 다니엘의 남은 시신이라도 찾기를 기대하며 굴로 달려갔습니다. 굴에 도착한 왕은 깜짝 놀라고 말았습니다. 다니엘이 멀쩡히 살아 있었기 때문입니다.

[19]이튿날에 왕이 새벽에 일어나 급히 사자 굴로 가서 [20]다니엘이 든 굴에 가까이 이르러서 슬피 소리 질러 다니엘에게 묻되 살아 계시는 하나님의 종 다니엘아 네가 항상 섬기는 네 하나님이 사자들에게서 능히 너를 구원하셨느냐 하니라 [21]다니엘이 왕에게 아뢰되 왕

이여 원하건대 왕은 만수무강하옵소서 22나의 하나님이 이미 그의 천사를 보내어 사자들의 입을 봉하셨으므로 사자들이 나를 상해하지 못하였사오니 이는 나의 무죄함이 그 앞에 명백함이오며 또 왕이여 나는 왕에게도 해를 끼치지 아니하였나이다 하니라 23왕이 심히 기뻐서 명하여 다니엘을 굴에서 올리라 하매 그들이 다니엘을 굴에서 올린즉 그의 몸이 조금도 상하지 아니하였으니 이는 그가 자기의 하나님을 믿음이었더라 24왕이 말하여 다니엘을 참소한 사람들을 끌어오게 하고 그들을 그들의 처자들과 함께 사자 굴에 던져 넣게 하였더니 그들이 굴 바닥에 닿기도 전에 사자들이 곧 그들을 움켜서 그 뼈까지도 부서뜨렸더라 25이에 다리오왕이 온 땅에 있는 모든 백성과 나라들과 언어가 다른 모든 사람들에게 조서를 내려 이르되 원하건대 너희에게 큰 평강이 있을지어다 26내가 이제 조서를 내리노라 내 나라 관할 아래에 있는 사람들은 다 다니엘의 하나님 앞에서 떨며 두려워할지니 그는 살아 계시는 하나님이시요 영원히 변하지 않으실 이시며 그의 나라는 멸망하지 아니할 것이요 그의 권세는 무궁할 것이며 27그는 구원도 하시며 건져 내기도 하시며 하늘에서든지 땅에서든지 이적과 기사를 행하시는 이로서 다니엘을 구원하여 사자의 입에서 벗어나게 하셨음이라 하였더라 28이 다니엘이 다리오왕의 시대와 바사 사람 고레스왕의 시대에 형통하였더라(단 6:19~28)

다리오왕은 사자 굴에 가까이 이르러서 다니엘이 아직 살아있는지 소리쳐 불렀습니다. 그런데 놀랍게도 다니엘이 자신은 아무런 해도 입지 않았다고 분명하게 대답했습니다. 하나님이 그를 위해 사자의 입을 막아 주신 것입니다. 다니엘은 이 진리를 거기 있는 모든 사람이 알게 했습니다. 다니엘은 사자 굴에서 나왔고, 그를 악의적으로 고발했던 사람들은 왕의 명령에 의해 사자 굴로 보내졌습니다.

다니엘을 구원하신 하나님을 경험한 다리오는 "온 땅에 있는 모든 백성과 나라들과 언어가 다른 모든 사람들에게"(단 6:25) 살아 계신 하나님에 관해 기록하게 했습니다. 이것은 중요한 두 가지 목적을 달성했습니다. 이스라엘의 하나님의 위대성과 우월성을 인정했으며, 다니엘 6장 6~9절의 "고치지 아니하는 규례"를 취소했던 것입니다. 우리는 하나님이 자기 영광을 드러내시기 위해 이방인들을 어떻게 사용하시는지 보게 됩니다. "왕의 마음이 여호와의 손에 있음이 마치 봇물과 같아서 그가 임의로 인도하시느니라"(잠 21:1).

다리오왕의 조서에 기록된 하나님의 속성들을 열거해 보세요. 온 열방에서 영광과 존경을 받게 될 하나님의 궁극적인 사명이 조서에 어떻게 반영되어 있나요?

알짬 교리 **99**

신자의 제사장직

인류를 향한 하나님의 목적은 단순히 제사장을 통해 나라를 세우는 것이 아니라, 우리가 곧 제사장의 나라가 되게 하는 데 있습니다. 즉 인간의 죄성과 중재자를 필요로 하는 백성들 때문에 구약 시대에 제사장 제도를 만드시긴 했지만, 하나님의 궁극적인 목적은 우리가 예수 그리스도의 중보 사역을 통해 하나님께 직접 나아오게 하는 것입니다. 그러므로 이제 다른 제사장은 필요 없게 되었습니다. 지성소에 들어가지 못하게 막던 휘장이 찢어진 것으로 예시된 바와 같이 십자가에서 그리스도께서 이루신 일로 말미암아 그리스도인들은 담대하게 하나님께 나아갈 수 있게 되었습니다(롬 5:1~5; 히 4:14~16).

그리스도와의 연결

성경의 여러 사건이나 인물은 궁극적으로 예수님을 지향합니다. 특별히 시편 22편은 메시아를 다니엘과 연결합니다. 의로우신 고난의 왕은 부르짖습니다. "나를 사자의 입에서 구하소서"(시 22:21). 하나님은 부활절 아침에 메시아이신 예수님을 죽은 자 가운데서 살리심으로써, '사자의 입'에서 실제로 구하셨습니다. 부활하신 구세주를 따르는 우리에게 용기를 주시는 하나님을 찬양합시다!

YOUR STORY

하나님이 들려주시는 이야기는 오늘을 사는 나와 늘 연결되어 있습니다. 아래 질문에 답하면서 성경 이야기가 내 이야기와 어떻게 연결되는지 생각해 봅시다.

▶ 다니엘의 신앙은 어떻게 그를 모범적인 종으로 만들었을까요? 나의 신앙은 내가 속한 가정, 학교 등에 어떤 영향을 끼치나요?
이 질문에 관한 대답은 다양할 것입니다.

▶ 다니엘이 왕의 조서를 따르기를 거부한 것은 세상에 어떤 메시지를 던지나요? 하나님은 세상 문화의 어느 부분에서 우리로 하여금 사람이 아닌 하나님을 따르라고 부르셨나요?
생명을 소중하게 여기고, 고아와 가난한 자를 돌보며 다양한 형태의 인종차별에 맞서는 것 등이 있을 것입니다.

▶ 다니엘의 지속적인 기도 생활은 그를 믿음의 사람으로 만들어가는 데 어떤 역할을 했을까요? 내 기도 생활은 지금의 내 모습을 만드는 데 어떤 역할을 했나요?
이 질문에 관한 대답은 다양할 것입니다.

▶ 어떻게 하면 다니엘처럼 하나님이 누구이시며, 우리를 위해 무엇을 하셨는지를 세상에 확실하게 알리고 하나님께 영광을 돌릴 수 있을까요?
이 질문에 관한 대답은 다양할 것입니다.

하나님의 이야기
하나님이 그분의 아들
예수 그리스도를 통해
우리를 구속해 주신 이야기

우리의 이야기
우리의 이야기가
하나님의 이야기와
만나는 곳

YOUR MISSION

생 각

하나님은 다니엘을 사자 굴에서 기적적으로 구해 주심으로써 스스로 영화롭게 되셨습니다. 하나님은 다니엘이 겪은 시련과 고난을 불신자들이 주님께 향하게 하는데 사용하셨습니다. 결과적으로 이방의 왕이 놀라운 하나님의 손길을 목격했고, 하나님의 위대하심을 공개적으로 선포했습니다. 이러한 사실은 자연스럽게 하나님의 영광을 드러내시는 일에 우리의 시련과 고난을 어떻게 사용하실지 궁금하게 합니다.

- 하나님이 나의 시련과 고난을 통해 다른 이들이 하나님을 바라볼 수 있도록 하신 적이 있나요?
  이 질문에 관한 대답은 다양할 것입니다.

- 이 이야기는 개인의 시련과 고난을 어떻게 바라보게 하나요?
  이 질문에 관한 대답은 다양할 것입니다.

마 음

하나님은 다니엘이 바벨론의 느부갓네살왕과 벨사살왕 치하에 있을 때 그를 존중하고 복 주셨던 것처럼, 메대-바사의 다리오왕 아래에 있을 때도 그렇게 하셨습니다. 다니엘은 하나님 앞에서 항상 겸손하기 위해 노력했습니다. 이러한 모습은 다니엘 주변에 있었던 세상 왕들의 모습과 대조됩니다. 하나님은 겸손한 자에게 은혜를 베푸시는 분입니다(약 4:6; 벧전 5:5).

- 하나님께 신실하게 헌신하려고 노력하고 있나요? 그런 삶은 어떤 모습인가요?
  이 질문에 관한 대답은 다양할 것입니다.

- 삶에서 겸손함을 더욱 배양하는 방법에는 어떤 것들이 있을까요?
  겸손은 하나님을 진정으로 이해하고, 우리 삶에 대한 하나님의 권위를 인정하는 것에서 시작됩니다.

행 동

하나님께 신실하게 살아가는 것을 한 달만 중단했어도 사자 굴에 던져지는 일은 없었을 텐데, 다니엘은 끝까지 기도를 멈추지 않았습니다. 그는 자신의 종교 생활을 은밀하게 덮어 숨기지 않았습니다. 그는 바벨론 제국에서 사는 내내 같은 방식으로 하나님을 경외했고, 그것을 절대로 멈추지 않았습니다.

- 다른 사람이 두려워서 그들에게 의도적으로 숨겼던 영적 훈련이 있습니까?
  기도, 성경 읽기, 다른 이들에게 복음 나누기 등이 포함될 수 있습니다.

- 다니엘의 신실함은 다른 사람 앞에 자기 신앙을 보여 주는 데 어떤 도전이 됩니까?
  이 질문에 관한 대답은 다양할 것입니다.

다음 모임까지
시 146~150편;
왕상 9장; 대하 8장;
잠 25~26장을
읽어 보세요.

05

돌아가자, 우리 집으로 가자

요약

이번 과에서는 하나님이 자기 백성을 포로 생활에서 건져 내어 약속의 땅으로 인도하시겠다는 약속을 어떻게 지키시는지를 볼 것입니다. 하나님의 백성은 예루살렘에 모였을 때, 하나님을 예배하는 것을 최우선으로 삼았고, 그들의 행위를 통해 하나님의 신실하심을 선포했습니다. 그리스도인으로서 우리는 죄와 죽음으로 이끄는 포로 생활에서 우리를 건져 주신 하나님을 기념하고 감사해야 합니다. 우리는 예배를 통해 주님의 선하심을 선포함으로써 다른 이들이 하나님이 선하신 분이라는 것을 보고 경험할 수 있게 해야 합니다.

성경

에스라 1장 1~8절; 3장 1~13절

HIS STORY

포 인 트　　하나님을 예배하는 것이 하나님의 백성의 최우선 순위가 되어야 한다.

등 장 인 물　　삼위일체 하나님(성부, 성자, 성령)

메시지 좌표　　하나님은 과거에 이스라엘 백성이 포로가 될 테지만, 결국 약속의 땅으로 돌아
오게 하시겠다고 약속하셨습니다. 이번 과에서는 그들의 귀환과 성전 재건의 긴
여정을 살펴볼 것입니다.

도 입

학생들에게 친구들이나 가족들과 함께 또는 개인적으로 승리를 기념하는 방법에 관해 물어보세요. 우리는 특별한 날을 기념하기 위해 맛있는 음식을 먹으러 가거나, 여행을 갑니다. 어떤 일을 기념하는 노래나 춤도 있습니다. 모두가 기념비적인 사건이나 승리를 다양한 방법으로 축하하고 기념합니다.

▶ 특별한 일을 기념하기 위해 가는 장소나 하는 행동이 있나요?

예배는 하나님이 누구신지, 그리고 우리를 위해 무슨 일을 하셨는지를 기념하는 행위입니다. 이스라엘 사람들은 잘못된 것을 기념하고, 자신을 위한 신을 만들었습니다. 이로 인해 그들은 포로 생활을 하게 되었습니다. 하지만 하나님이 그들을 고향으로 인도하겠다는 약속을 이루셨을 때, 그들이 한 첫 번째 행동은 바로 예배였습니다. 한 분 참 하나님을 진정으로 예배하는 것이었습니다.

▶ 어떤 상황에 대한 나의 첫 반응으로 하나님을 예배했던 경험이 있나요? 이것이 어떻게 하나님에 대해 그리고 하나님이 하신 일에 대해 기념하는 것이 될까요?

빈손으로 돌아가게 하지 않으마

에스라 1~6장은 자기 백성을 보존하시는 하나님의 주권을 강조합니다. 하나님은 자기 백성 이스라엘을 약속의 땅으로 다시 인도하셨습니다. 나아가 자기 목적을 이루기 위해 이방의 왕을 사용하셨습니다.

[1]바사왕 고레스 원년에 여호와께서 예레미야의 입을 통하여 하신 말씀을 이루게 하시려고 바사왕 고레스의 마음을 감동시키시매 그가 온 나라에 공포도 하고 조서도 내려 이르되 [2]바사왕 고레스는 말하노니 하늘의 하나님 여호와께서 세상 모든 나라를 내게 주셨고 나에게 명령하사 유다 예루살렘에 성전을 건축하라 하셨나니 [3]이스라엘의 하나님은 참 신이시라 너희 중에 그의 백성 된 자는 다 유다 예루살렘으로 올라가서 이스라엘의 하나님 여호와의 성전을 건축하라 그는 예루살렘에 계신 하나님이시라 [4]그 남아 있는 백성이 어느

도입 선택

학교 수학여행이나 교회 여름성경학교 등으로 처음 집을 떠나 다른 곳에서 지내게 되면 무서울 수 있습니다. 그러나 어디를 가든지 정해진 기간이 지나면, 반드시 집으로 돌아올 것이라는 약속이 있습니다.

- *처음으로 집을 떠나 지냈던 적이 언제인가요? 어디에서 무엇을 했나요?*

- *집으로 돌아올 시간이 되었을 때, 어떻게 반응했나요? 기뻐했나요? 슬퍼했나요?*

이스라엘 사람들의 포로 생활은 학교 수학여행이나 교회 여름성경학교와는 확실히 다르지만, 그들은 하나님이 그들을 포로 생활에서 건져 내어 집으로 인도하실 것이라는 약속을 지키실 그날을 간절히 기다렸습니다. 종종 장거리 여행을 마치고 무사히 돌아온 것을 기념하는 것처럼 그들은 집으로 돌아온 것을 기념했습니다. 그들은 하나님을 예배함으로써 그것을 기념했습니다.

- *당신이 포로 생활을 끝내고 집으로 돌아오는 이스라엘 사람 중 하나였다면, 어떻게 반응했을까요?*

곳에 머물러 살든지 그곳 사람들이 마땅히 은과 금과 그 밖의 물건과 짐승으로 도와주고 그 외에도 예루살렘에 세울 하나님의 성전을 위하여 예물을 기쁘게 드릴지니라 하였더라 [5]이에 유다와 베냐민 족장들과 제사장들과 레위 사람들과 그 마음이 하나님께 감동을 받고 올라가서 예루살렘에 여호와의 성전을 건축하고자 하는 자가 다 일어나니 [6]그 사면 사람들이 은 그릇과 금과 물품들과 짐승과 보물로 돕고 그 외에도 예물을 기쁘게 드렸더라 [7]고레스왕이 또 여호와의 성전 그릇을 꺼내니 옛적에 느부갓네살이 예루살렘에서 옮겨다가 자기 신들의 신당에 두었던 것이라 [8]바사왕 고레스가 창고지기 미드르닷에게 명령하여 그 그릇들을 꺼내어 세어서 유다 총독 세스바살에게 넘겨주니(스 1:1~8)

수년간의 포로 생활 후, 하나님의 백성은 하나님의 섭리로 예루살렘으로 귀환해 성전을 재건할 수 있는 자유를 허락받았습니다. 하나님은 이스라엘 백성을 돌려보내서 성전을 재건하게 하셨을 뿐만 아니라, 그 일을 위해 재정적인 후원을 하도록 페르시아(바사) 왕 고레스의 마음을 움직이셨습니다. 왕은 백성들을 향해 돌아가는 이스라엘 사람들에게 자발적으로 물질적인 지원을 할 것을 촉구했습니다. 이는 오늘날 우리가 드리는 헌물의 형태와 흡사합니다.

하나님이 자기 백성을 돕기 위해 이방의 왕처럼 예상 밖의 사람들을 사용하시는 것을 본 적이 있나요? 어떤 상황이었나요?

얼마 만에 함께 드리는 예배인가

포로 생활을 하던 이들이 자기 고향으로 돌아오는 장면을 상상해 보십시오. 예루살렘성이 멸망한 후 약 50년간 하나님은 예루살렘에서 예배를 받지 못하셨습니다. 성전이 아직 건축되지 않았음에도 불구하고, 귀환한 공동체의 최우선 관심사가 하나님의 이름을 높이는 것이었다는 사실은 그리 놀라운 일이 아닙니다. 무슨 일이 일어났는지 보세요.

[1]이스라엘 자손이 각자의 성읍에 살았더니 일곱째 달에 이르러 일제히 예루살렘에 모인지

라 ²요사닥의 아들 예수아와 그의 형제 제사장들과 스알디엘의 아들 스룹바벨과 그의 형제들이 다 일어나 이스라엘 하나님의 제단을 만들고 하나님의 사람 모세의 율법에 기록한 대로 번제를 그 위에서 드리려 할새 ³무리가 모든 나라 백성을 두려워하여 제단을 그 터에 세우고 그 위에서 아침저녁으로 여호와께 번제를 드리며 ⁴기록된 규례대로 초막절을 지켜 번제를 매일 정수대로 날마다 드리고 ⁵그 후에는 항상 드리는 번제와 초하루와 여호와의 모든 거룩한 절기의 번제와 사람이 여호와께 기쁘게 드리는 예물을 드리되 ⁶일곱째 달 초하루부터 비로소 여호와께 번제를 드렸으나 그때에 여호와의 성전 지대는 미처 놓지 못한지라 ⁷이에 석수와 목수에게 돈을 주고 또 시돈 사람과 두로 사람에게 먹을 것과 마실 것과 기름을 주고 바사왕 고레스의 명령대로 백향목을 레바논에서 욥바 해변까지 운송하게 하였더라(스 3:1~7)

하나님의 백성은 성전을 재건하려고 했습니다. 그러나 그들은 하나님을 예배하는 일에 물리적인 성전이 꼭 필요하지는 않음을 알고 있었습니다. 아직 성전이 다 세워지지 않았고, 심지어 예루살렘에서의 익숙했던 모든 것이 회복되기 전이었지만, 그들은 기쁜 마음으로 하나님을 순전히 예배했습니다.

어떤 이는 환호하고, 어떤 이는 울고

예배는 신앙 공동체 생활의 핵심입니다. 예루살렘으로 돌아온 유대인들의 경우, 그들의 예배는 자신의 약속에 따라 성전을 재건하게 하신 자기 백성을 향한 하나님의 선하심을 강조했습니다. 예배의 다양한 특성과 그것이 하나님을 어떻게 높여 드렸는지에 주목해 보세요.

⁸예루살렘에 있는 하나님의 성전에 이른 지 이 년 둘째 달에 스알디엘의 아들 스룹바벨과 요사닥의 아들 예수아와 다른 형제 제사장들과 레위 사람들과 무릇 사로잡혔다가 예루살렘에 돌아온 자들이 공사를 시작하고 이십 세 이상의 레위 사람들을 세워 여호와의 성전 공사를 감독하게 하매 ⁹이에 예수아와 그의 아들들과 그의 형제들과 갓미엘과 그의 아들들과 유다 자손과 헤나닷 자손과 그의 형제 레위 사람들이 일제히 일어나 하나님의 성전 일꾼들을 감독하니라 ¹⁰건축자가 여호와의 성전의 기초를 놓을 때에 제사장들은 예복

이 구절에서 언급되고 성취된 예레미야의 예언은 예레미야 29장 10~11절에서 인용된 것입니다. "여호와께서 이와 같이 말씀하시니라 바벨론에서 칠십 년이 차면 내가 너희를 돌보고 나의 선한 말을 너희에게 성취해 너희를 이곳으로 돌아오게 하리라 여호와의 말씀이니라 너희를 향한 나의 생각을 내가 아나니 평안이요 재앙이 아니니라 너희에게 미래와 희망을 주는 것이니라." 현대 기독교에서 이 구절은 종종 하나님의 주권적인 손길이 그들의 미래를 붙들고 있음을 신자 개개인에게 격려하기 위해 사용되곤 합니다. 원래 맥락에서 이 구절은 이스라엘 전체 공동체에 대한 하나님의 신실하심을 묘사하기 때문에 개인에 대한 메시지보다 훨씬 더 중요한 의미를 갖습니다. 하나님의 계획은 궁극적으로 메시아의 오심을 초래할 것이며, 메시아의 부활을 통해 창세기 3장의 타락으로 잃어버렸던 모든 것을 구속하게 될 것입니다. 이스라엘 백성에게 약속을 지키신 하나님이 우리의 미래를 보호하시는 바로 그 하나님이십니다.

을 입고 나팔을 들고 아삽 자손 레위 사람들은 제금을 들고 서서 이스라엘왕 다윗의 규례대로 여호와를 찬송하되 [11]찬양으로 화답하며 여호와께 감사하여 이르되 주는 지극히 선하시므로 그의 인자하심이 이스라엘에게 영원하시도다 하니 모든 백성이 여호와의 성전 기초가 놓임을 보고 여호와를 찬송하며 큰 소리로 즐거이 부르며 [12]제사장들과 레위 사람들과 나이 많은 족장들은 첫 성전을 보았으므로 이제 이 성전의 기초가 놓임을 보고 대성통곡하였으나 여러 사람은 기쁨으로 크게 함성을 지르니 [13]백성이 크게 외치는 소리가 멀리 들리므로 즐거이 부르는 소리와 통곡하는 소리를 백성들이 분간하지 못하였더라 (스 3:8~13)

성전의 새로운 기초가 놓인 것을 기념하기 위해 백성들이 모였습니다. 그러나 그들이 모인 주된 목적은 성전이 향하는 그분, 즉 하나님을 예배하는 것이었습니다.

나이 많은 족장들이 통곡하여 운 것이 예전 성전에 대한 향수 때문이라고 생각하기 쉽습니다. 그들은 모든 영광 중에 있던 예전 성전을 기억했고, 더 이상 그런 성전이 없다는 사실에 슬펐습니다. 그러나 이 구절이 지향하는 것은 다른 눈물, 즉 기쁨의 눈물을 바라보는 것입니다. 물론 예전 성전과 연계되어 그들 마음속에 약간의 슬픔이 있었을 것입니다. 하지만 그들이 흘린 눈물은 새로운 기초를 바라보면서 흘린 기쁨의 눈물이었습니다. 그들에게 일어난 모든 일을 생각해 보면, 하나님은 포로 기간 중에도 신실하셨습니다. 하나님은 그들을 집으로 인도하겠다는 약속을 지키셨습니다. 그들은 자신들의 삶 속에서 실재적이며 확실한 하나님의 은혜를 경험하면서, 새로운 성전의 기초가 놓인 현장에 서 있었던 것입니다.

알짬 교리 99

성경의 보존

하나님은 영감을 불어넣어 오류가 없게 하신 성경 본문을 통해 인류에게 자신을 계시하기로 결정하셨습니다. 또한 하나님은 성경 본문이 미래 세대를 위해 충실히 보존될 수 있도록 역사 흐름 속에서 섭리하셨습니다. 정경의 형성 과정과 수 세기에 걸친 사본들의 충실한 전달 과정이 성경 보존에 관한 믿음을 뒷받침해 줍니다.

그리스도와의 연결

　　에스라 3장의 주된 목적은 성전 재건의 기록이지만, 이와 더불어 그리스도의 십자가와 예수님의 재림을 지향하고 있다는 사실이 중요합니다. 하나님은 자기 백성을 바벨론의 포로 생활에서 구해 고향으로 데려오겠다는 약속을 지키셨고, 하나님을 예배할 수 있는 자유를 회복해 주셨습니다. 모든 인간은 죄로 인해 에덴동산에서 쫓겨나 세상의 포로가 된 상태이기 때문에 구원이 필요합니다. 예수님은 자기 백성을 집으로 인도하심으로써, 이러한 포로 생활을 종식시키셨고 예배하는 자유를 회복시켜 주셨습니다. 이는 우리로 하여금 예수님이 자기 나라를 온전하게 다스리시고 친히 통치하시는 그때를 바라보게 합니다.

YOUR STORY

하나님이 들려주시는 이야기는 오늘을 사는 나와 늘 연결되어 있습니다. 아래 질문에 답하면서 성경 이야기가 내 이야기와 어떻게 연결되는지 생각해 봅시다.

▶ 예루살렘으로 인도하시겠다는 하나님의 약속은 50년의 포로 생활 후에 하나님의 주권으로 성취되었습니다. 이는 주님을 기다리고, 주님의 때를 의지하는 것의 중요성에 관해 무엇을 말해 주나요?

약속을 이루시는 하나님의 계획표는 우리의 계획표와는 다릅니다. 하나님은 우리가 볼 수 없는 큰 그림을 보시면서 그분의 선하고 완벽한 계획에 따라 모든 것을 함께 이루고 계십니다.

▶ 사람들은 성전 건축을 위해 자원해서 자기 물질을 바쳤습니다. 물질을 드리는 것이 어떻게 예배의 행위가 되나요?

물질을 드리는 것은 우리가 진정으로 소중히 여기는 사물이나 대상이 무엇인지를 드러내 줍니다. 부모가 자녀에게 좋은 선물을 주는 것은 자녀를 소중히 여기기 때문입니다. 마찬가지로 교회와 선교지에 헌물하는 것은 하나님의 나라를 위해 행해지는 사역을 소중히 여기고 있음을 보여 줍니다. 이런 의미에서 헌물은 예배가 됩니다.

▶ 이 이야기는 하나님을 예배하는 것에 관해 무엇을 가르쳐 주나요?

이 질문에 관한 대답은 다양할 것입니다.

▶ 이 이야기는 예배의 외적 표시에 관해 무엇을 가르쳐 주나요?

예배는 기본적으로 마음의 일이지만, 진정한 예배는 십일조에서부터 세상과 다르게 지속적으로 살아가는 것에 이르기까지 어떤 방식으로든 겉으로 드러날 것입니다.

하나님의 이야기
하나님이 그분의 아들
예수 그리스도를 통해
우리를 구속해 주신 이야기

우리의 이야기
우리의 이야기가
하나님의 이야기와
만나는 곳

YOUR MISSION

생 각

이 이야기에서 이스라엘 백성이 하나님의 율법에 따라 예배했다는 사실을 간과하기 쉽습니다. 율법(모세오경)은 이스라엘 백성이 이웃 나라들처럼 예배하지 않도록 분명히 경고합니다. 경고의 목적은 이스라엘 백성에게 주님의 길이 더 좋음을 알게 해 그들을 거룩한 삶으로 인도하는 데 있었습니다.

- 기독교가 주변 문화에 혼합되지 않는 것이 중요한 이유는 무엇일까요?
  이 질문에 관한 대답은 다양할 것입니다.

- 오늘날 그리스도인이 더 나은 모습으로 살아가려면 어떻게 해야 할까요?
  이 질문에 관한 대답은 다양할 것입니다.

마 음

하나님의 임재를 경험하거나 하나님을 예배하는 것은 장소의 제한을 받지 않습니다. 그리스도를 따르는 자들은 성령이 그들 속에 내주하심으로써 그들이 하나님의 성전 그 자체가 되기 때문입니다(고전 3:16~17; 엡 4:30). 예배는 무엇보다 마음과 관련된 것으로, 하나님이 누구신지를 아는 것과 하나님이 이미 하신 일로 인해 누리는 내면적인 기쁨과 만족입니다. 그렇기 때문에 삶의 모든 것이 예배입니다.

- 교회의 공예배만을 예배로 생각하는 것에는 어떤 위험이 도사리고 있을까요?
  이 질문에 관한 대답은 다양할 것입니다.

- 요즘 나의 예배는 어떤가요? 하나님 안에서 만족과 기쁨을 찾고 있나요?
  이 질문에 관한 대답은 다양할 것입니다.

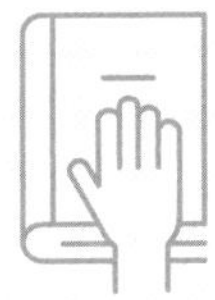

행 동

젊은이들과 노인들은 표현 방식은 달라도 주님께 영광을 돌리는 한목소리를 만들어 냈고, 그 소리를 멀리서도 들을 수 있었습니다. 그것은 하나님의 모든 백성이 연합하여 주변 사람들에게 하나님의 선하심을 선포하는 모습이었습니다. 이러한 모습은 세상을 향한 강력한 고백이 됩니다.

- 교회 어르신들과 친하게 지내고 있나요? 그렇게 하거나 하지 못하는 이유는 무엇인가요?
  이 질문에 관한 대답은 다양할 것입니다.

- 교회에서 젊은이가 어르신들과 교제하는 것이 왜 중요할까요? 신앙의 조언을 해 줄 수 있는 어른을 만나지 못한 사람에게 어떤 위험이 있을까요?
  세대 간의 교제 없이는 교회 전체의 총체적인 지혜로부터 오는 유익을 누릴 수 없기 때문입니다.

다음 모임까지
잠 27~29장;
전 1~6장을
읽어 보세요.

06

오직 하나님만이 사시는 집

요약

하나님의 백성들이 바벨론에서 고향으로 돌아오긴 했지만, 그것은 재건의 시작에 불과했습니다. 하나님께 순종해 성전을 재건할 때, 그들은 반대에 부딪혔고 역경에 직면했습니다. 이때 그들은 저항에 굴복하지 않고 하나님의 말씀에 귀 기울이기로 선택했습니다. 그 결과 그들은 하나님께 부름받은 사역을 완성할 수 있었고, 그들을 통해 이루신 하나님의 사역을 기념할 수 있었습니다. 오늘날 하나님의 백성인 우리는 우리 앞에 놓인 사명을 신실하게 감당하도록 부름받았습니다. 하나님은 우리에게 어떤 역경을 만나든지 마음과 삶을 변화시키시는 주님을 신뢰하라고 말씀하십니다.

성경

에스라 4장 1~7절; 5장 1~5절; 6장 13~22절

HIS STORY

포 인 트	하나님은 사람의 마음과 생각을 변화시켜 자기 뜻을 이루신다.
등 장 인 물	삼위일체 하나님(성부, 성자, 성령)
메시지 좌표	유대인들이 원래 자리로 돌아가는 길은 어려움으로 가득 차 있었습니다. 첫 번째 어려움은 삶의 중심이 되는 성전 재건과 관련된 것이었습니다. 그들은 저항에 굴복하지 않고 하나님의 말씀에 귀 기울이기로 선택했고, 그 결과 하나님께 부름받은 사역을 완성함으로써 그들을 통해 이루신 하나님의 사역을 기념할 수 있었습니다.

도 입 5~10분

1630년에 세워진 매사추세츠주의 보스턴에는 자동차용 도로가 없었습니다. 길이 정돈되지 않아서 생기는 교통 체증을 해결하기 위해 매사추세츠 공공사업부는 보스턴의 시내를 관통하고, 주변 지역을 연결하는 고속도로를 건설하기로 했습니다. 이후 고속도로 건설을 위한 초기 철거 작업을 끝냈지만, 주민의 반대로 1972년까지 프로젝트가 중단되는 등 여러 난관에 부딪혔습니다.

대도시 보스턴의 '교통 위기'를 타개하기 위한 노력은 가치 있는 무엇인가를 만들기 위해 일하는 것이 얼마나 힘든 일인지를 보여 줍니다. 이런 일들에는 문제나 걸림돌이 자주 발생하기 때문입니다.

지난 과에서 포로 생활을 하던 유대인들이 예루살렘으로 어떻게 돌아오기 시작했는지, 그리고 새로운 성전의 기초를 어떻게 놓았는지를 살펴봤습니다. 이번 과에서는 성전을 재건하는 동안 그들이 겪었던 문제들을 살펴볼 것입니다.

▶ 학교나 교회에서 한 가지 목적을 이루기 위해 함께 일하는 프로젝트에 참여해 본 적이 있나요? 그 과정에서 어떤 문제들을 겪었나요?

우리 힘으로 지을 거야

students

포로 생활을 하던 유대인들이 예루살렘으로 줄지어 돌아왔고, 새 성전의 기초를 놓기 시작했습니다. 유대인들은 성전을 재건해도 좋다는 허가를 받았지만, 여전히 반대에 부딪혔습니다. 반대는 노골적인 방해와 계획을 교묘하게 약화시키는 두 가지 모습으로 나타났습니다.

[1]사로잡혔던 자들의 자손이 이스라엘의 하나님 여호와의 성전을 건축한다 함을 유다와 베냐민의 대적이 듣고 [2]스룹바벨과 족장들에게 나아와 이르되 우리도 너희와 함께 건축하게 하라 우리도 너희같이 너희 하나님을 찾노라 앗수르왕 에살핫돈이 우리를 이리로 오게 한 날부터 우리가 하나님께 제사를 드리노라 하니 [3]스룹바벨과 예수아와 기타 이스라엘 족장들이 이르되 우리 하나님의 성전을 건축하는 데 너희는 우리와 상관이 없느니라 바사 왕 고레스가 우리에게 명령하신 대로 우리가 이스라엘의 하나님 여호와를 위하여 홀

로 건축하리라 하였더니 ⁴이로부터 그 땅 백성이 유다 백성의 손을 약하게 하여 그 건축을 방해하되 ⁵바사 왕 고레스의 시대부터 바사 왕 다리오가 즉위할 때까지 관리들에게 뇌물을 주어 그 계획을 막았으며 ⁶또 아하수에로가 즉위할 때에 그들이 글을 올려 유다와 예루살렘 주민을 고발하니라 ⁷아닥사스다 때에 비슬람과 미드르닷과 다브엘과 그의 동료들이 바사 왕 아닥사스다에게 글을 올렸으니 그 글은 아람 문자와 아람 방언으로 써서 진술하였더라(스 4:1~7)

유대인들이 직면했던 반대의 첫 번째 조짐은 그들의 이웃에게서 나타났습니다. 주변 이웃 민족들이 연합해 유대인들이 성전을 건축하지 못하게 방해했습니다. 그들은 처음에는 유대인들의 성전 건축을 돕겠다고 했는데, 어쩌다 이렇게 돌아서게 된 걸까요?

유대인들은 성전 건축을 돕겠다는 주변의 제안을 거절했습니다. 그 이유는 그들이 하나님께 제사를 드리긴 했지만, 하나님만을 예배하는 것이 아니라 거짓 신들도 함께 예배하려고 했기 때문입니다. 바벨론에서 돌아온 유대인들은 아픈 역사를 잘 알고 있었습니다. 즉 자신들이 주변 나라의 우상 숭배에 동참함으로써 하나님에게서 어떻게 멀어졌는지를 알고 있었습니다. 우상 숭배에 빠지면 하나님의 심판과 훈육을 다시 받아야 하기에 유대인들은 도움을 거절하고 자신들끼리 성전을 건축하기로 한 것입니다. 이러한 결정은 주님만이 하나님이시며, 새 성전에서는 하나님 외에 어떤 '신'도 예배할 수 없다는 선언이었습니다.

유대인들이 그들의 신념 위에 신실함을 세우자, 외부에서 내부로 반대의 파도가 밀려왔습니다. 외부 반대 세력은 유대인들이 그들의 도움을 거절한 것을 공격했을 뿐만 아니라, 성전 건축을 좌절시키기 위해 관리들과 지역 지도자들에게 뇌물을 주어 내부 반대를 일으키려고 했습니다.

우상 숭배에 빠지지 않고, 마음을 지키는 방법에는 어떤 것들이 있을까요? 우리 예배가 우상의 영향을 받지 않았다고 어떻게 확신할 수 있을까요?

우리가 왜 중단해야 해?

에스라 5장의 이야기를 들으면서 역사를 빨리 훑어보면, 성전 재건이 방해를 받아서 약 16년 동안이나 중단되었다는 사실을 알게 됩니다. 아브라함 시대에서 사도행전에 이르기까지 늘 그러했듯이, 성전의 회복은 선지자들을 통해 주시는 하나님의 말씀으로 시작되었습니다.

> [1]선지자들 곧 선지자 학개와 잇도의 손자 스가랴가 이스라엘의 하나님의 이름으로 유다와 예루살렘에 거주하는 유다 사람들에게 예언하였더니 [2]이에 스알디엘의 아들 스룹바벨과 요사닥의 아들 예수아가 일어나 예루살렘에 있던 하나님의 성전을 다시 건축하기 시작하매 하나님의 선지자들이 함께 있어 그들을 돕더니 [3]그때에 유브라데 강 건너편 총독 닷드내와 스달보스내와 그들의 동관들이 다 나아와 그들에게 이르되 누가 너희에게 명령하여 이 성전을 건축하고 이 성곽을 마치게 하였느냐 하기로 [4]우리가 이 건축하는 자의 이름을 아뢰었으나 [5]하나님이 유다 장로들을 돌보셨으므로 그들이 능히 공사를 막지 못하고 이 일을 다리오에게 아뢰고 그 답장이 오기를 기다렸더라(스 5:1~5)

하나님은 학개와 스가랴 두 선지자를 통해 격려가 절실한 하나님의 백성들을 꾸짖으며 권면하셨습니다. 선지자의 사명은 영적 갱신을 불러일으키고, 주님을 제대로 예배하도록 하나님의 백성에게 동기를 부여하는 것이었습니다. 예언의 메시지는 분명했습니다. 하나님과 하나님의 사역을 소홀히 하면, 하나님은 그분의 복을 옮겨 그 백성이 영적으로 곤비하게 된다는 것입니다.

에스라 5장 3~5절에 기록되어 있는 유대인들에 대한 반대를 보면, 우리를 좌절하게 만드는 말을 들었을 때 하나님의 말씀에 초점을 맞추는 것이 얼마나 중요한지를 알게 됩니다. 우리는 반대하는 이들의 말이 아니라 하나님의 말씀에 초점을 맞추는 훈련을 해야 합니다.

다리오왕에게 성전을 건축하는 자들의 명단이 보내진 위험한 상황에서도 하나님은 계속해서 신실하게 역사하셨습니다(5절). 하나님은 자기 목적을 성취하시기 위해 서신이 늦게 전달되게 하셨습니다(다리오에게 간단한 서신이 전달되는 데 약 4~5개월이 걸렸습니다). 닷드내가 왕에게서 답장을 받기까지 성전 건축을 중단시킬 수도 있었지만, 에스라는 건축을 계속하게 하시는 하나님의 간섭하심을 강조했습니다.

4년 만에, 아니 20년 만에, 아니, 아니 70년 만에

에스라 6장은 기념식에서 최고조를 이룹니다. 그전에 다리오왕은 총독들에게 이스라엘이 성전을 건축하는 것을 막지 말라고 명령했을 뿐만 아니라, 건축 비용을 왕실에서 지출하게 하라고 명령했습니다. 왕은 유대인의 일을 반대하는 자들은 심판을 받을 것이라고 명령했습니다. 하나님은 자기 뜻을 이루시기 위해 선지자들의 선포, 왕의 조서, 사람들의 자원하는 마음을 활용하셨습니다.

[13]다리오왕의 조서가 내리매 유브라데 강 건너편 총독 닷드내와 스달보스내와 그들의 동관들이 신속히 준행하니라 [14]유다 사람의 장로들이 선지자 학개와 잇도의 손자 스가랴의 권면을 따랐으므로 성전 건축하는 일이 형통한지라 이스라엘 하나님의 명령과 바사 왕 고레스와 다리오와 아닥사스다의 조서를 따라 성전을 건축하며 일을 끝내되 [15]다리오왕 제육년 아달월 삼일에 성전 일을 끝내니라 [16]이스라엘 자손과 제사장들과 레위 사람들과 기타 사로잡혔던 자의 자손이 즐거이 하나님의 성전 봉헌식을 행하니 [17]하나님의 성전 봉헌식을 행할 때에 수소 백 마리와 숫양 이백 마리와 어린 양 사백 마리를 드리고 또 이스라엘 지파의 수를 따라 숫염소 열두 마리로 이스라엘 전체를 위하여 속죄제를 드리고 [18]제사장을 그 분반대로, 레위 사람을 그 순차대로 세워 예루살렘에서 하나님을 섬기게 하되 모세의 책에 기록된 대로 하게 하니라 [19]사로잡혔던 자의 자손이 첫째 달 십사일에 유월절을 지키되 [20]제사장들과 레위 사람들이 일제히 몸을 정결하게 하여 다 정결하매 사로잡혔던 자들의 모든 자손과 자기 형제 제사장들과 자기를 위하여 유월절 양을 잡으니 [21]사로잡혔다가 돌아온 이스라엘 자손과 자기 땅에 사는 이방 사람의 더러운 것으로부터 스스로를 구별한 모든 이스라엘 사람들에게 속하여 이스라엘의 하나님 여호와를 찾는 자들이 다 먹고 [22]즐거움으로 이레 동안 무교절을 지켰으니 이는 여호와께서 그들을 즐겁게 하시고 또 앗수르왕의 마음을 그들에게로 돌려 이스라엘의 하나님이신 하나님의 성전 건축하는 손을 힘 있게 하도록 하셨음이었더라(스 6:13~22)

BC 515년 3월 12일, 기념식이 시작되었습니다. 건축이 재개된 지 4년 만이고, 성전 재건이 시작된 지 20년 만이었습니다(스 3:8). 예레미야가 예언한 대로(렘 25:12~14; 29:10), 솔로몬 성전이 BC 586년에 파괴된 후 정확히 70년이 지나고서야 새 성전이 완공되었습니다.

성전을 완공하고 기념식을 드리는 것은 하나님의 백성의 삶에서 매우 중요한 부분입니다. 하나님의 백성이 서로 교제하고, 함께 예배하며 하나님께 영광을 돌려 드리는 행사이기 때문입니다. 근본적으로 이러한 기념일들은 하나님의 백성들이 여러 세대에 걸친 하나님의 구원 역사를 기억하는 데 도움이 되었습니다.

알짬 교리 99

성경의 무오성

'성경의 무오성'이란 성경의 모든 가르침이 전적으로 진실하며, 어떤 오류도 없음을 믿는 것을 가리킵니다. 성경의 무오성은 성경 저자들이 인간 관찰자로서 관찰한 기록과 어림수들, 특이한 문법 구조나 특정한 사건에 관한 다양한 시각을 성경 본문에 넣었을 가능성을 배제하지 않습니다. 하지만 성경은 구원의 확실한 안내서이며, 성경이 전하는 것은 모두 진리임을 믿습니다(마 5:18; 요 10:35; 딛 1:2; 히 6:18).

그리스도와의 연결

그리스도인은 하나님이 그분의 계획을 성취하시리라는 진리를 신뢰할 수 있습니다. 주님은 고난의 시간 중에도 자기 백성을 살리실 것입니다. 나아가 하나님은 반대에 부딪히거나 역경에 직면하는 일에서 물러나 계시는 분이 아닙니다. 그리스도께서는 성부 하나님께 순종할 때마다 유혹과 반대에 직면하셨습니다.

우리는 그리스도의 모범을 통해, 그리고 성령의 능력에 의지해 우리가 처한 상황이 어떠하든지 하나님께 순종할 힘을 얻습니다. 하나님은 우리에게 우리의 믿음과 주님께 대적하는 자들의 생각과 마음을 바꾸어 주실 것을 신뢰하며 그들이 어떤 말을 하든지 신경 쓰지 말고 계속해서 순종하라고 말씀하십니다.

YOUR STORY

하나님이 들려주시는 이야기는 오늘을 사는 나와 늘 연결되어 있습니다. 아래 질문에 답하면서 성경 이야기가 내 이야기와 어떻게 연결되는지 생각해 봅시다.

▶ 오늘날 신실한 그리스도인들이 경험하는 반대나 어려움에는 어떤 것들이 있나요? 반대에 반응하는 유대인들의 모습을 통해 무엇을 배울 수 있나요?
이 질문에 관한 대답은 다양할 것입니다.

▶ 영적으로 무관심한 사람에게 주어지는 경고 신호는 무엇인가요?
이 질문에 관한 대답은 다양할 것입니다.

▶ 성경은 영적인 무관심을 극복하는 데 어떤 역할을 하나요?
성령은 우리의 영적인 미각을 깨우기 위해 하나님의 말씀을 사용합니다. 말씀은 우리가 어디서 어떻게 잘못된 곳으로 가게 되었는지 깨닫게 할 뿐만 아니라, 하나님의 일에 대한 애정을 일깨워 줍니다.

▶ 이 이야기는 믿음 때문에 부딪히게 되는 반대에 어떻게 대응해야 할지에 관해 어떤 도전을 주나요?
이 질문에 관한 대답은 다양할 것입니다.

하나님의 이야기
하나님이 그분의 아들 예수 그리스도를 통해 우리를 구속해 주신 이야기

우리의 이야기
우리의 이야기가 하나님의 이야기와 만나는 곳

5~10분

생 각

학개 선지자는 백성들의 관심이 하나님에서 개개인의 행복으로 옮겨짐으로써 하나님의 성전 짓기를 게을리하고 있다고 책망했습니다. 성전을 폐허 상태로 내버려둔 채, 자신들은 좋은 집에서 살고 있다고 한탄한 것입니다(학 1:3~6). 이런 현상은 영적인 무관심이 자리 잡을 때, 즉 세상의 것을 추구하면서 하나님에게 소홀히 할 때 일어납니다.

- 하나님의 뜻을 따르지 못하게 하는 세상적인 안락에는 어떤 것들이 있을까요?
  이 질문에 관한 대답은 다양할 것입니다.

- 세상적인 것에 마음을 빼앗기지 않으려면 그리스도인은 어떻게 해야 할까요?
  이 질문에 관한 대답은 다양할 것입니다.

마 음

선지자들은 마음에 무관심이 자리 잡은 하나님의 백성에게 우선순위를 재조정할 수 있도록 하나님의 말씀을 전했습니다. 그로 인해 하나님의 백성은 하나님을 향한 헌신과 목적을 새로이 하고 세상적인 소유와 안전만 걱정하던 것에서 그분의 뜻을 행하는 것으로 우선순위를 재조정할 수 있었습니다.

- 하나님의 말씀에 따라 삶의 우선순위를 재조정했던 적이 있나요?
  이 질문에 관한 대답은 다양할 것입니다.

- 그리스도인이 영적인 무관심에서 벗어나고자 할 때, 자신의 관심을 하나님의 말씀으로 돌려야 하는 이유는 무엇일까요?
  이 질문에 관한 대답은 다양할 것입니다.

행 동

그리스도인은 관용과 개방을 절대적인 가치로 여기는 사회에 팽배한 '타협'이라는 위험에 직면합니다. 우리 사회는 마치 모든 종교적 신념이 근본적으로 똑같다는 듯이, 기독교와 다른 종교의 차이를 최소로 줄이라고 강요합니다. 그러나 이 혼란스러운 사상은 그리스도인에게 동시에 두 가지 일을 할 기회를 제공해 줍니다. 첫째는 성경적 가르침을 분명히 지키는 것이고, 둘째는 잘못 생각하는 이들에게 사랑을 표현하는 것입니다.

- 그리스도인은 왜 이런 일을 동시에 하기가 어렵다고 생각할까요?
  양극단으로 치우치는 경향이 있기 때문입니다. 우리는 성경에 충실하면서 동시에 사랑을 담아 다른 이들의 삶에 성경의 진리를 전해야 합니다.

- 죄에 빠져 있던 사람에게 진리를 정중하게 전함으로써 사랑을 표현했던 경험을 나누어 보세요.
  이 질문에 관한 대답은 다양할 것입니다.

다음 모임까지
전 7~12장;
왕상 10~11장;
대하 9장;
잠 30~31장을
읽어 보세요.

07

바로 이때를 위해서였구나

요약

이번 과에서는 에스더 이야기 앞부분을 살펴볼 것입니다. 에스더를 통해 우리는 주님의 섭리가 보이지 않는 상황에서도 하나님을 따르는 법을 배우게 될 것입니다. 또한 세상을 위한 하나님의 주권적인 계획에서 우리도 어떤 역할을 감당하고 있음을 깨닫게 될 것입니다. 그래서 어떤 대가를 치르더라도 하나님을 따르는 위험을 감수하는 용기를 얻게 될 것입니다. 하나님의 백성으로서 우리는 하나님이 우리를 어떻게 쓰고자 하시는지 그 목적을 발견하고 성취해야 합니다. 하나님은 땅끝까지 구원을 펼치시는 그분의 위대한 계획에 우리가 동참하기를 원하십니다.

성경

에스더 4장

HIS STORY

가스펠 프로젝트

포 인 트 하나님은 우리에게 보이지 않으실 때도 자기 계획을 이루고 계신다.

등 장 인 물 삼위일체 하나님(성부, 성자, 성령)

에스더(페르시아 왕과 결혼한 히브리 처녀. 사촌 모르드개의 손에서 자람)

하만(페르시아 왕의 측근. 유대 백성을 진멸하려는 음모를 세움)

메시지 좌표 이번 과에서는 에스더 이야기의 첫 부분을 살펴볼 것입니다. 에스더는 하나님의 손길이 전혀 보이지 않는 상황에서도 하나님을 따르는 모범을 우리에게 보여 줍니다.

도 입

5~10분

하나님이 계시지 않는 것처럼 느껴졌던 때가 있나요? 그분의 음성조차 들리지 않고, 그분이 나를 버리신 것 같은 기분을 느낀 적이 있나요? 개인적인 실패, 슬픔, 비극적인 일들이 닥쳤을 때, 하나님의 선하심에 대해 의심해 본 적은 없었나요?

살다 보면 하나님이 정말 계신지 의문이 들 때가 있습니다. 어려운 상황, 신학적인 의문 등이 하나님을 이해하기 힘든 분으로 만듭니다. 때때로 하나님이 숨어 계신 것처럼 보일 수도 있습니다.

수천 년 전에 기록된 에스더서는 오늘날 고통받고 있는 사람들이 품고 있는 동일한 질문을 제기하면서 하나님의 백성이 억압받으며 살았던 때의 이야기를 들려줍니다. 그 이야기는 할리우드 영화의 모든 요소, 즉 정치적 음모, 폭력, 섹스 그리고 이길 가능성이 없는 약자가 모든 역경을 극복하고 '승리'하는 내용을 포함하고 있습니다. 하지만 에스더서는 단순한 역사적 교훈 그 이상을 전합니다. 하나님이 계시지 않는 것처럼 보이는 상황에서도 하나님은 자기 백성을 돌보고 계신다는 사실을 일깨워 줍니다.

▶ 하나님이 이 세상을 돌보며 도우신다는 것을 의심한 적이 있습니까? 어떤 상황에서 그런 의심을 하게 되었습니까?

하나님의 백성을 모두 죽인다고?!

지금까지 우리는 아시리아(앗수르) 제국과 바벨론 제국이 어떻게 하나님의 백성을 포로로 잡아갔는지 살펴봤습니다. 이제 페르시아 제국이 전 세계를 다스리게 되었습니다. 이로써 하나님의 백성은 유대인의 정체성을 유지하기가 더욱 어려워졌습니다. 이 시대에 많은 유대인이 자기 신앙에 의문을 제기하거나 신앙을 버렸습니다. 하지만 하나님은 자기 백성의 남은 자들을 보호하겠다고 분명히 약속하셨습니다. 그래서 신실한 유대인들은 그들의 유산과 신앙을 새로운 세대의 자녀들에게 전수했습니다.

에스더는 고아였는데, 사촌 오빠인 모르드개가 그녀를 키웠습니다. 그녀는 어려운 가정사에 이민 가정에서 자란 탓에 종교적·인종적·문화적으로 소수 집단에 속할 수밖에 없었습니다. 당시 페르시아의 주류 문화가 유대인들

도입 선택

하나님께 순종하는 것에는 위험이 따릅니다. 소중한 것을 잃을 위험을 감수해야 할 수도 있습니다. 그러나 순종하지 않으면 더 큰 대가를 치르게 될 것입니다.

- *하나님께 순종하기 위해 위험을 감수한 적이 있나요? 하나님께 순종하지 않아서 부정적인 결과를 경험한 적이 있나요?*

에스더도 비슷한 상황에 처했습니다. 그녀는 자기 생명을 잃을 수도 있는 어려운 선택을 했습니다. 그러나 하나님은 에스더를 하나님이 원하시는 때에 원하시는 곳에 정확하게 두셨습니다. 하나님은 오늘날 우리에게도 동일하게 하십니다.

- *하나님이 '이때'를 위해 나를 두셨던 곳은 어디였나요? 그 상황에서 나를 통해 일하시는 하나님을 어떻게 보았나요?*

에게 비우호적이었기 때문에 모르드개는 에스더의 배경과 정체성을 숨길 필요가 있었습니다. 에스더는 외부인이 된다는 것이 무엇을 의미하는지 잘 알고 있었습니다.

모르드개는 에스더를 궁으로 데려갔습니다. 어리고 고운 외모를 가진 그녀는 난폭한 왕과 억지로 결혼을 하게 되었습니다.

왕의 측근 중 한 명인 하만은 모르드개를 미워했습니다. 그로 인해 유대인들까지 미워하게 되어 유대인의 문화와 민족성과 종교적 신념을 싫어했습니다. 하만은 왕에게 페르시아의 문화에 완전히 동화되기를 거부하는 일부 유대인이 페르시아 제국에 위협이 된다고 말했습니다. 그는 왕과 가까운 관계를 이용해 페르시아 제국 전역에 사는 유대인들을 진멸하라는 조서에 왕이 반지를 찍도록 부추겼습니다. 정해진 날이 되면 페르시아의 군대와 시민이 각지에 사는 유대인을 죽이는 데 동원될 것입니다(에 3:8~13).

¹모르드개가 이 모든 일을 알고 자기의 옷을 찢고 굵은 베 옷을 입고 재를 뒤집어쓰고 성중에 나가서 대성통곡하며 ²대궐 문 앞까지 이르렀으니 굵은 베 옷을 입은 자는 대궐 문에 들어가지 못함이라 ³왕의 명령과 조서가 각 지방에 이르매 유다인이 크게 애통하여 금식하며 울며 부르짖고 굵은 베 옷을 입고 재에 누운 자가 무수하더라 ⁴에스더의 시녀와 내시가 나아와 전하니 왕후가 매우 근심하여 입을 의복을 모르드개에게 보내어 그 굵은 베 옷을 벗기고자 하나 모르드개가 받지 아니하는지라 ⁵에스더가 왕의 어명으로 자기에게 가까이 있는 내시 하닥을 불러 명령하여 모르드개에게 가서 이것이 무슨 일이며 무엇 때문인가 알아보라 하매 ⁶하닥이 대궐 문 앞 성중 광장에 있는 모르드개에게 이르니 ⁷모르드개가 자기가 당한 모든 일과 하만이 유다인을 멸하려고 왕의 금고에 바치기로 한 은의 정확한 액수를 하닥에게 말하고(에 4:1~7)

모르드개와 에스더를 비롯한 유대인들은 파멸에 직면했습니다. 절대 빠져나갈 수도 없고, 상황이 달라질 기미도 보이지 않습니다. 그들은 비통해하며 고뇌했습니다. 그러나 하나님은 그들을 위한 계획을 가지고 계셨고, 그들 모두 그 계획을 위해 해야 할 역할이 있었습니다.

유대 백성들을 진멸하라는 왕의 명령에 관한 소식을 들었을 때, 모르드개는 어떤 기분이었을까요? 성경은 위기, 고통, 슬픔, 두려움에 관해 얼버무리지 않습니다. 모르드개는 믿음의 사람이었으므로, 그와 그 백성이 처한 위험한 상황을 외면하지 않았습니다. 대학살에 관한 소식이 퍼지기 시작했고, 페르시아 전역에 있던 유대인들은 엄청난 위험이 다가오고 있음을 깨달았습니다.

페르시아 제국의 수도 수산 주변 지역에 사는 유대인들은 이스라엘에 가본 적이 없을 가능성이 높습니다. 그들은 성전을 본 적도 없고, 약속의 땅에 발을 디뎌 본 적도 없었습니다. 이러한 위기 상황에서 하나님의 백성들은 하나님을 찾기로 결심했습니다.

신앙 때문에 왕따처럼 느껴졌던 때가 있나요? 그때 어떻게 반응했나요?

우리가 맡을 역할이 있어

모르드개는 에스더가 자기 백성을 보호하기 위해 왕비의 지위를 활용할 것을 기대합니다. 모르드개는 자기 백성을 보존하시는 하나님의 계획에서 자신에게 주어진 역할을 깨달았고, 에스더도 자신에게 그러한 역할이 있음을 깨달았습니다.

8또 유다인을 진멸하라고 수산 궁에서 내린 조서 초본을 하닥에게 주어 에스더에게 보여 알게 하고 또 그에게 부탁하여 왕에게 나아가서 그 앞에서 자기 민족을 위하여 간절히 구하라 하니 9하닥이 돌아와 모르드개의 말을 에스더에게 알리매 10에스더가 하닥에게 이르되 너는 모르드개에게 전하기를 11왕의 신하들과 왕의 각 지방 백성이 다 알거니와 남녀를 막론하고 부름을 받지 아니하고 안뜰에 들어가서 왕에게 나가면 오직 죽이는 법이요 왕이 그자에게 금 규를 내밀어야 살 것이라 이제 내가 부름을 입어 왕에게 나가지 못한 지가 이미 삼십 일이라 하라 하니라 12그가 에스더의 말을 모르드개에게 전하매 13모르드개가 그를 시켜 에스더에게 회답하되 너는 왕궁에 있으니 모든 유다인 중에 홀로 목숨을 건지리라 생각하지 말라 14이때에 네가 만일 잠잠하여 말이 없으면 유다인은 다른 데로 말미암아 놓임과 구원을 얻으려니와 너와 네 아버지 집은 멸망하리라 네가 왕후의 자리를 얻은 것이 이때를 위함이 아닌지 누가 알겠느냐 하니(에 4:8~14)

성경 전체에서 하나님의 주권은 사람들의 행동을 통해 드러납니다. 다시 말해서 하나님은 뜻을 이루시기 위해 사람의 의미 있는 선택을 주권적으로 사용하십니다. 동일한 원리가 에스더 이야기 전체를 만들어 갑니다. 에스더와 모르드개는 정치적 권력에 접근할 수 있는 지위를 우연히 얻은 것이 아니었습니다. 하나님이 당신의 뜻 가운데 그들을 거기에 두셨던 것입니다. 그러나 여기서 하나님이 에스더를 페르시아 제국의 왕비로 세우시긴 했지만, 하나님의 계획에서 자기 역할을 감당할지 하지 않을지는 에스더 자신이 선택해야만 한다는 것입니다. 지금이 바로 그녀의 '결정적 순간'이며, 그 선택은 그녀가 상상할 수도 없는 엄청난 결과를 가져올 것입니다. 에스더의 목숨뿐 아니라 각 지방에 있는 유대인들의 운명이 위태로운 상황이었습니다.

죽으면 죽으리이다

에스더는 어떤 선택을 했을까요? 그녀는 모르드개에게 다음과 같은 답변을 보냈습니다.

에스더가 모르드개에게 회답하여 이르되 당신은 가서 수산에 있는 유다인을 다 모으고 나를 위하여 금식하되 밤낮 삼 일을 먹지도 말고 마시지도 마소서 나도 나의 시녀와 더불어 이렇게 금식한 후에 규례를 어기고 왕에게 나아가리니 죽으면 죽으리이다 하니라 모르드개가 가서 에스더가 명령한 대로 다 행하니라(에 4:15~17)

에스더는 자기 백성을 위해 모든 위험을 감수했습니다. 테스트를 모두 마친 그녀는 '하나님의 백성은 늘 승리한다'는 결과지가 나오기를 기다리고 있었을지 모릅니다. 다윗은 위험을 감수했기에 하나님이 그를 도우셔서 골리앗을 이길 수 있었습니다. 엘리야도 생명을 걸었기에 하나님이 나타나셔서 바알의 거짓 선지자들을 부끄럽게 하셨습니다. 삼손, 여호사밧, 다니엘, 드보라, 기드온 등 수많은 위대한 성경 인물들이 위험을 감수했습니다. 그리고 그들 모두가 에스더처럼 승리자가 되었습니다.

우리는 하나님이 그들로 승리하게 하신 것을 알고 나서야 이런 이야기를 하는 것을 좋아합니다. 하지만 그들이 직면했던 실제 상황은 어땠습니까? 그들은 이야기의 끝을 모른 채 싸웠습니다. 오늘날 우리가 그런 것처럼 그들에게도 두려움, 의심, 흔들리는 믿음, 돌아가고 싶은 충동 등 부정적 감정이 있었습니다.

그러나 하나님께 올인하기로 했다면, 즉 어떤 대가를 치르더라도 하나님을 믿고 따르기로 결단했다면, 모든 것을 잃을 수도 있다는 것 또한 받아들여야 합니다. 우리는 에스더 이야기를 통해 돌에 맞아 순교한 스데반 집사, 무시받고 소외당하고 죽임까지 당했던 선지자들, 박해받고 감옥에 가고 기독교 전통을 따라 대부분 순교했던 제자들, 그리고 십자가에 달려 죽으신 예수님을 보게 됩니다.

오늘날 에스더처럼 많은 사람이 힘든 일을 겪고 있습니다. 그러나 하나님은 우리가 가진 모든 것을 받으시고, 모든 것에서 구원해 주시는 분입니다. 우리의 믿음, 소망, 사랑, 슬픔까지 모두 말입니다. 예수님은 십자가에서 죽으시고, 죽은 자 가운데서 다시 살아나셨습니다. 하나님은 우리처럼 깨어진 사람들을 택하시어 주님을 위해 쓸모 있는 자로 만드십니다. 우리의 배경이나 현재 처한 상황이 하나님의 주권적인 권세 밖에 있지 않음을 알 수 있습니다. 우리가 주님을 볼 수 없을 때조차 주님은 항상 역사하고 계십니다(롬 8:28).

하나님이 모든 약속을 반드시 지키시리라는 믿음을 가지고 있다면, 세상과 사람들을 위한 하나님의 구원 계획에 참여해야 할 책임이 있습니다. 순종이 중요합니다. 하나님은 우리 도움 없이도 자기 목적을 이루실 수 있지만, 그렇게 하지 않으십니다. 우리를 통해 그 계획을 성취하기로 결정하셨기 때문입니다(엡 2:10).

알짬 교리 **99**

하나님의 섭리

'하나님의 섭리'란 하나님이 피조 세계에서 계속해서 역사하시고 개입하시는 것을 가리킵니다. 하나님은 창조 질서의 보존, 주권적 통치, 자기 백성을 돌보심 등 다방면에서 섭리하십니다(골 1:17; 히 1:3; 창 8:21~22). 그리스도인은 세상과 우주의 운행이 하나님의 뜻에 달려 있으며, 하나님 없이는 존재할 수 없다고 믿습니다. 또한 하나님이 피조 세계에 간섭하지 않으신다는 세상 이론과 달리, 하나님이 세상에 친히 개입하신다고 믿습니다. 자연 질서뿐 아니라, 개개인과 역사의 사건들에도 영향을 미치신다고 믿는 것입니다.

그리스도와의 연결

다음 과에서는 이후 에스더와 모르드개에게 일어난 일을 살펴볼 것입니다. 여기서는 잠시 멈추어 아름다운 이 이야기에 집중해 봅시다. 비록 에스더서에서는 하나님이 분명하게 언급되지 않았지만, 하나님은 그들의 특별한 인생을 통해 아름다운 이야기를 엮어 가는 훌륭한 작가이십니다.

에스더 이야기를 쓰신 작가는 훗날 때가 차매, "이때"를 위하여, 세상을 구원하기 위해 목숨을 바칠 자기 아들을 보내신 바로 그분입니다. 자기 아들을 보내신 그 작가가 지금 성령으로 우리 속에 살고 계십니다. 주님은 우리 과거와 현재를 모두 엮어서 주님의 원대한 계획의 일부가 되게 하십니다. 각 족속과 방언과 나라에서 나온 백성들이 그리스도 안에서 주의 보좌로 함께 나아오게 하는 계획 말입니다.

YOUR STORY

하나님이 들려주시는 이야기는 오늘을 사는 나와 늘 연결되어 있습니다. 아래 질문에 답하면서 성경 이야기가 내 이야기와 어떻게 연결되는지 생각해 봅시다.

▶ **힘든 상황에서 하나님이 멀리 계신 것처럼 느껴졌던 적이 있나요? 구체적으로 무슨 일이 있었나요?**
이 질문에 관한 대답은 다양할 것입니다.

▶ **어떻게 하면 하나님의 섭리적인 손길이 보이지 않을 때도 하나님을 찾자고 서로 격려할 수 있을까요?**
힘든 상황 가운데 일하시는 하나님을 볼 수 있는 이야기들을 생각나게 할 수 있습니다.

▶ **하나님이 그분께 더욱 효과적으로 쓰임받을 수 있는 기회를 주신 적이 있나요?**
이 질문에 관한 대답은 다양할 것입니다.

▶ **그리스도를 따르기 위해 위험을 감수했던 사람들의 이야기를 찾아봅시다. 하나님이 하라고 하신 일 때문에 평안했던 삶이 위태로워진 적이 있나요?**
이 질문에 관한 대답은 다양할 것입니다.

하나님의 이야기
하나님이 그분의 아들
예수 그리스도를 통해
우리를 구속해 주신 이야기

우리의 이야기
우리의 이야기가
하나님의 이야기와
만나는 곳

YOUR MISSION

생 각

에스더의 삶은 여러 면에서 오늘날 그리스도인의 삶과 닮았습니다. 우리는 아브라함이나 모세처럼 하나님의 기적을 경험한 적은 없지만, 에스더처럼 소외된 듯한 기분을 느껴 본 적은 있습니다. 그렇기 때문에 에스더의 이야기는 혼란스럽고 힘든 상황 속에서도 우리가 혼자가 아님을 알려 줍니다. 하나님은 능력과 계획과 우리를 위한 역할을 가지고 우리 곁에 계십니다.

- 에스더의 삶은 어떤 면에서 우리의 삶과 비슷한가요?
  이 질문에 관한 대답은 다양할 것입니다.

- 본문은 하나님이 가까이에서 우리를 돌보신다는 확신을 어떻게 강화시키나요?
  이 질문에 관한 대답은 다양할 것입니다.

마 음

하나님의 일하심을 볼 수 없을 때, 우리는 하나님이 우리에게 관심이 있으신 건지 의문이 들 수 있습니다. 그러나 의심에 사로잡혀 있기보다는 하나님의 임재를 더욱 신뢰하는 편이 현명합니다. 하나님이 숨어 버리신 것만 같을 때조차 우리는 위대하신 하나님이 우리 곁에 계심을 믿고 부르짖어야 합니다.

- 하나님의 임재를 느낄 수 없다고 말하는 사람을 본 적이 있나요? 하나님이 정말 가까이 계시냐는 질문에 대한 답을 오직 느낌에만 의존하는 것은 왜 위험할까요?
  우리는 타락한 세상에서 사는 타락한 사람들이기 때문에 감정이 우리를 속일 수도 있고, 진리에서 멀어지게 할 수도 있기 때문입니다. 이것이 바로 신앙을 개인적인 '감정'에 두지 않고, 우리를 위해 행하신 그리스도의 사역에 두어야 하는 이유입니다.

- 하나님이 가까이 계신지 궁금해하는 사람에게 에스더 외에 어떤 성경 인물의 이야기를 들려주면 좋을까요?
  엘리야, 다윗, 사도 바울, 예수님의 이야기를 들려 줄 수 있을 것입니다.

행 동

하나님은 에스더에게 하신 것처럼 우리에게도 똑같이 일하고 계십니다. 하나님은 우리 삶의 사건들, 심지어 힘들고 아픈 부분들까지도 엮어서 우리를 준비시키시고, 하나님 나라를 위해 쓰임받는 자리에 두십니다. 우리는 정말로 중요한 선택을 해야 하고, 이러한 결정의 순간에 신실하게 순종한다면, 상상을 초월하는 파급 효과와 결과를 얻게 될 것입니다.

- 자신의 지위나 상황을 통해 세상을 변화시켰던 인물을 역사 속에서 찾아봅시다.
  이 질문에 관한 대답은 다양할 것입니다.

- 하나님이 뜻을 이루시기 위해 자신을 그 자리에 두셨다고 느낀 적이 있나요?
  이 질문에 관한 대답은 다양할 것입니다.

다음 모임까지
왕상 12~14장;
대하 10~12장을
읽어 보세요.

08

이건 몰랐지?
위대한 반전!

요 약

에스더의 이야기에서 우리는 자기 백성을 위한 하나님의 선하신 목적이 어떻게 극적인 반전을 이끌었는지를 볼 것입니다. 겸손한 자는 높아졌고, 정죄받던 자는 구원을 얻었고, 패배할 것 같던 자는 승리를 거두었습니다. 에스더 이야기를 통해 우리는 하나님은 사람들이 깨닫지 못하는 중에도 자기 목적을 이루기 위해 일하고 계신다는 사실을 알 수 있습니다. 하나님은 우리에게 세상의 겉모습과 영향력을 보지 말고, 그 너머를 바라보며 최후 승리를 위해 하나님을 예배하고 신뢰하라고 말씀하십니다.

성 경

에스더 6장 6~11절; 7장 3~10절; 9장 1~2절

HIS STORY

포 인 트	하나님은 우리에게 눈에 보이는 것 너머를 보고, 구원하실 하나님을 신뢰하라고 말씀하신다.
등 장 인 물	삼위일체 하나님(성부, 성자, 성령) 에스더(페르시아 왕과 결혼한 히브리 처녀. 사촌 모르드개의 손에서 자람) 하만(페르시아 왕의 측근. 유대 백성을 진멸하려는 음모를 세움)
메시지 좌표	이 과에서는 에스더와 모르드개를 둘러싼 사건에 극적인 반전이 일어납니다. 에스더 이야기는 우리 삶의 모든 일이 자기 백성을 위한 하나님의 선한 목적을 위한 것임을 보여 주면서 끝이 납니다.

도 입

5~10분

하나님이 주님의 뜻을 이루기 위해 배후에서 일하고 계신다는 사실을 깨달았던 적이 있나요? 간혹 하나님이 여러 가지 사건을 이용해 결국에는 모든 것을 합력해 선을 이루고 계심을 깨달은 적이 있을 것입니다(롬 8:28). 또한 고통스러운 사건마저 하나님의 영광을 위한 주님의 목적을 이루기 위해 우리에게 부어 주시는 은혜의 수단임을 깨달은 적이 있을 것입니다(고후 12:8~9).

우리가 처한 삶의 다양한 상황은 우리로 하여금 하나님의 섭리를 더욱 신뢰하게 만들 기회를 풍성하게 제공합니다. 때때로 그런 기회는 하나님의 섭리를 보여 주는 성경의 사례를 발견하는 데 도움을 줍니다. 그리하여 하나님이 주님의 뜻을 이루기 위해 우리가 보지 못하는 이면에서 여전히 일하고 계심을 깨닫게 합니다. 앞서 살펴본 에스더 이야기가 바로 그런 경우입니다.

▶ "하나님은 너무 선해서 무정하실 수 없고, 너무 지혜로워서 실수가 없으십니다. 주님의 손길을 찾을 수 없다고 하더라도 우리는 주님을 신뢰해야 합니다"라는 말을 들어본 적이 있을 것입니다. 상황 속에서 하나님이 실수하고 계신 것은 아닌가 하는 느낌이 든 적이 있나요? 만약 있다면, 그 느낌을 어떻게 해결했나요? 삶 속에서 하나님의 지혜를 더욱 신뢰하게 만든 사건이 있었다면, 언제 어떤 일이었나요?

이게 웬일인가 싶을 거야

에스더서에는 '하나님'이 언급되지 않습니다. 그래서 이야기 속 사건들은 그저 놀라운 우연의 일치인 듯 보입니다. 그러나 6장으로 들어가면, 하나님의 손길이 주님의 뜻을 이루기 위해 자기 백성을 대신해 분명히 움직이고 있음을 발견하게 됩니다.

창세기 41장에서 요셉이 고귀하게 되었던 것처럼, 고아 출신의 유대 여인 에스더는 '페르시아 제국의 왕비'라는 높은 지위에 올라 고귀한 신분이 되었습니다(2:1~18). 에스더의 사촌이자 그녀를 키워 준 유대인 모르드개는 하나님의 섭리로 아하수에로왕을 암살하려는 음모를 차단한 바 있습니다. 그래서 처음에는 상황이 유대인들에게 호의적으로 흘러가는 것처럼 보였습니다.

도입 선택

영화나 드라마에는 종종 보너스 영상이 있습니다. 배우 소개, 세트 배경, NG 장면 등이 소개되곤 합니다. 이로 인해 우리는 그 영화나 드라마가 어떻게 만들어졌는지 볼 수 있습니다. 구체적으로 그 장면을 찍기 위해 감독, 배우, 제작진이 한 일과 삭제된 부분 등을 알 수 있습니다.

• *영화나 드라마의 보너스 영상을 본 적이 있나요? 그것을 통해 무엇을 알 수 있나요?*

우리는 영화나 드라마를 볼 때 최종 결과물만 봅니다. 마찬가지로 우리 삶에는 우리가 보지 못하는 부분이 있고, 우리가 이해할 수 없는 하나님의 계획 속에서 움직이는 것들이 있습니다. 때때로 우리는 우리 삶에 있는 보너스 영상을 보고 싶어 합니다. 그러나 우리가 하나님을 신뢰한다면, 최종 결과물 전체에 엮여 있는 하나님의 계획을 보게 될 것입니다.

• *그 당시에는 이해할 수 없었지만, 시간이 흘러 생각해 보니 그때 상황 속에 하나님의 목적이 담겨 있었음을 깨달은 적이 있나요?*

하지만 왕의 측근인 하만이 품고 있던 악한 계획, 즉 유대 백성을 진멸하려는 계획(3:1~15)으로 인해 유대인들의 앞날에 먹구름이 드리우기 시작했습니다. 이야기 속으로 들어가서, 모르드개에게 굴욕적인 창피를 주려고 했던 하만이 어쩌다가 모르드개를 높이게 되었는지 살펴봅시다.

6하만이 들어오거늘 왕이 묻되 왕이 존귀하게 하기를 원하는 사람에게 어떻게 하여야 하겠느냐 하만이 심중에 이르되 왕이 존귀하게 하기를 원하시는 자는 나 외에 누구리요 하고 7왕께 아뢰되 왕께서 사람을 존귀하게 하시려면 8왕께서 입으시는 왕복과 왕께서 타시는 말과 머리에 쓰시는 왕관을 가져다가 9그 왕복과 말을 왕의 신하 중 가장 존귀한 자의 손에 맡겨서 왕이 존귀하게 하시기를 원하시는 사람에게 옷을 입히고 말을 태워서 성 중 거리로 다니며 그 앞에서 반포하여 이르기를 왕이 존귀하게 하기를 원하시는 사람에게는 이같이 할 것이라 하게 하소서 하니라 10이에 왕이 하만에게 이르되 너는 네 말대로 속히 왕복과 말을 가져다가 대궐 문에 앉은 유다 사람 모르드개에게 행하되 무릇 네가 말한 것에서 조금도 빠짐이 없이 하라 11하만이 왕복과 말을 가져다가 모르드개에게 옷을 입히고 말을 태워 성 중 거리로 다니며 그 앞에서 반포하되 왕이 존귀하게 하시기를 원하시는 사람에게는 이같이 할 것이라 하니라(에 6:6~11)

왕은 자신을 암살하려는 음모를 막아 주었던 모르드개에게 감사를 표하지 않았음을 깨닫고, 그에게 상을 내리기로 결정했습니다. 때마침 살기등등한 하만이 왕 앞에 나타났습니다. 모르드개를 나무에 매달기 위해 왕의 허락을 구하러 온 것이었습니다. 하지만 하나님은 그의 계획을 무산시키시고, 그의 손에서 유대인들을 구원하실 것입니다. 이렇게 사건이 에스더와 모르드개에게 호의적인 방향으로 진행되는 것은 상황 속에서 역사하시는 하나님의 섭리를 부정할 수 없게 만듭니다.

남을 죽이려다가 오히려 자기가 죽는구나

하만과 모르드개 사이에 낮아짐과 높아짐의 반전이 일어났습니다. 이제 에스더가 왕에게 담대하게 요청함으로써 심판과 구원의 반전이 일어나게 될 것입니다.

³왕후 에스더가 대답하여 이르되 왕이여 내가 만일 왕의 목전에서 은혜를 입었으며 왕이 좋게 여기시면 내 소청대로 내 생명을 내게 주시고 내 요구대로 내 민족을 내게 주소서 ⁴나와 내 민족이 팔려서 죽임과 도륙함과 진멸함을 당하게 되었나이다 만일 우리가 노비로 팔렸더라면 내가 잠잠하였으리이다 그래도 대적이 왕의 손해를 보충하지 못하였으리이다 하니 ⁵아하수에로왕이 왕후 에스더에게 말하여 이르되 감히 이런 일을 심중에 품은 자가 누구며 그가 어디 있느냐 하니 ⁶에스더가 이르되 대적과 원수는 이 악한 하만이니이다 하니 하만이 왕과 왕후 앞에서 두려워하거늘 ⁷왕이 노하여 일어나서 잔치 자리를 떠나 왕궁 후원으로 들어가니라 하만이 일어서서 왕후 에스더에게 생명을 구하니 이는 왕이 자기에게 벌을 내리기로 결심한 줄 앎이더라 ⁸왕이 후원으로부터 잔치 자리에 돌아오니 하만이 에스더가 앉은 걸상 위에 엎드렸거늘 왕이 이르되 저가 궁중 내 앞에서 왕후를 강간까지 하고자 하는가 하니 이 말이 왕의 입에서 나오매 무리가 하만의 얼굴을 싸더라 ⁹왕을 모신 내시 중에 하르보나가 왕에게 아뢰되 왕을 위하여 충성된 말로 고발한 모르드개를 달고자 하여 하만이 높이가 오십 규빗 되는 나무를 준비하였는데 이제 그 나무가 하만의 집에 섰나이다 왕이 이르되 하만을 그 나무에 달라 하매 ¹⁰모르드개를 매달려고 한 나무에 하만을 다니 왕의 노가 그치니라 (에 7:3~10)

에스더는 자기 백성을 구하기 위해 모든 위험을 감수했습니다. 그녀는 행동할지 말지, 앞에 나설지 침묵할지를 결정해야 했습니다. 에스더는 행동하기로 결심했고, 아하수에로왕에게 자신이 유대인 출신임을 밝히며 이스라엘 민족을 위해 정중하게 호소했습니다. 그리고 그 사람의 이름은 밝히지 않은 채, 그녀의 백성을 진멸하려는 간악한 음모가 있음을 폭로했습니다.

에스더의 이야기를 들은 왕은 깜짝 놀라며 누가 그런 대담한 짓을 벌였는지 알고자 합니다. 에스더는 그제야 유대인의 공공연한 적이 바로 하만임을 밝혔습니다. 왕에게 에스더가 자신이 유대인이라는 사실을 밝혔기 때문에 결과적으로 하만은 왕비의 목숨을 위협한 반역자가 되고 말았습니다.

하만은 겁에 질렸습니다. 그는 하나님의 백성을 심판하려고 계획했지만, 하나님은 그의 손에서 자기 백성을 구원하실 것입니다. 하만은 자신이 곤경에 처한 것을 깨닫고 필사적으로 피할 길을 찾았습니다. 하지만 그의 유죄 판결은 확정되었습니다. 이것은 하나님의 공의를 시적으로 드러낸 사건입니다! 모르드개를 달기 위해 세웠던 교수대에 하만 자신이 달림으로써, 하나님은 악인이 자기 덫에 걸리게 하셨습니다.

"악인은 자기의 악에 걸리며 그 죄의 줄에 매이나니"라는 잠언 5장 22절의 말씀을 읽고 묵상해 보세요. 이 진리가 하만의 삶에 어떻게 반영되었나요? 개인적인 죄를 품는 것에 관해 이 말씀은 우리에게 어떤 경고를 주나요?

하나님이 우리를 살려주셨어

이제 우리는 이야기의 절정에 이르렀습니다. 하나님의 대적들이 그분의 백성을 마음대로 주관할 수 있게 되었다고 생각했을 때, 상황이 완전히 역전되었습니다. 하나님의 백성이 받아야 할 심판을 그들이 받게 되었습니다. 하나님의 주권적 섭리 때문에, 하나님의 백성은 피해자가 아닌 승리자가 될 것입니다(참조, 고후 6:9~10). 유대 백성의 대적은 결코 하나님의 백성을 대적할 수 없었습니다.

> [1]아달월 곧 열두째 달 십삼일은 왕의 어명을 시행하게 된 날이라 유다인의 대적들이 그들을 제거하기를 바랐더니 유다인이 도리어 자기들을 미워하는 자들을 제거하게 된 그날에 [2]유다인들이 아하수에로왕의 각 지방, 각 읍에 모여 자기들을 해하고자 한 자를 죽이려 하니 모든 민족이 그들을 두려워하여 능히 막을 자가 없고(에 9:1~2)

성경 속 하나님은 종종 상황이나 권력의 변화를 통해 자기 백성의 대적들을 공포에 떨게 하십니다. 그 모든 상황의 이면에 하나님의 손길이 적극적으로 자기 백성을 보호하고 그들을 위해 싸우며 역사하고 계심을 아는 것이 중요합니다. 아하수에로왕이 다스리는 땅에서 거둔 유대인들의 승리는 궁극적으로 하나님의 승리입니다. 하나님의 손길은 세상 어느 권력과 힘보다 강력합니다. 에스더 이야기에서 하나님은 참으로 만왕의 왕이심을 보여 주셨습니다.

알짬 교리 **99**

그리스도의 낮아지심

성자 하나님은 하나님과 동등하며 하나님이 받으시는 모든 영광을 받기에 합당한 분임에도 불구하고, 자신을 낮춰 인간의 몸을 취하기로 결정하셨습니다. 그분은 자신의 영광을 떠나 죄 있는 육신의 모양으로 오셨으며(롬 8:3), 우리를 위해 죄가 되심으로써 십자가에서 수치스러운 죽음을 경험하셨습니다(빌 2:6~8). 그리하여 우리로 하여금 그분 안에서 하나님의 의가 되게 하셨습니다(고후 5:21).

그리스도와의 연결

복음의 기쁜 소식은 이 이야기 전체에 전반적으로 암시되어 있습니다. 에스더는 이스라엘 백성을 구원하기 위해 높은 지위에 오르게 되었고, 그 지위에서 왕에게 자기 백성을 위한 변호를 할 수 있었습니다. 왠지 익숙한 이야기 같지 않습니까? 예수 그리스도께서는 자기를 낮추시어 죽음에서 우리를 구하시고 우리에게 영원한 구원을 주셨습니다. 그리고 하나님의 보좌 앞에서 우리를 변호하기 위해 부활하시어 존귀하게 되셨습니다(고후 8:9; 요일 2:1). 에스더와는 비교도 할 수 없이 위대한 예수님은 죽을 각오를 하셨을 뿐만 아니라, 우리를 구원하기 위해 자기 생명을 내어 주셨습니다. 이것이 바로 복음의 기쁜 소식입니다.

기쁜 소식이 있으면 나쁜 소식도 있기 마련입니다. 자기 죄를 회개하지 않고 예수님을 믿지 않는 사람에게 하만의 결말은 경고가 됩니다. 하만에게 임한 심판은 하나님의 적들이 근절되리라는 것과 하나님의 최종 심판을 보여 줍니다(계 20:7, 11~15; 21:8, 27). 현행범으로 잡히기 전에, 먼저 하나님의 보좌 앞으로 돌이키십시오. 죄의 무게를 느낄수록, 예수 그리스도 안에 있는 하나님의 은혜가 용서받기에 충분하고도 남는다는 사실을 알게 될 것입니다. 하나님이 우리 같은 죄인을 용서하신다는 것은 좀처럼 믿기 어려운 일이지만, 하나님은 분명히 용서하십니다. 이것이 바로 심판과 구원의 위대한 반전입니다.

YOUR STORY

하나님이 들려주시는 이야기는 오늘을 사는 나와 늘 연결되어 있습니다. 아래
질문에 답하면서 성경 이야기가 내 이야기와 어떻게 연결되는지 생각해 봅시다.

▶ **이 이야기는 어려운 상황에서도 하나님을 신뢰하는 것에 관해 어떤 교훈을 주나요?**
이 질문에 관한 대답은 다양할 것입니다.

▶ **힘든 상황에 있을 때, 영원의 관점으로 그 일을 바라보는 것은 인내하며 하나님을 의지
하는 데 어떻게 도움이 되나요?**
자기 상황에만 집중하면, 본질적으로 일어나고 있는 더 큰 그림을 바라보지 못하게 됩니
다. 한 걸음 뒤로 물러나서 하나님이 무엇을 하고 계실지 생각해 보면, 하나님의 풍성한
계획을 볼 수 있는 더 좋은 상황에 이르게 됩니다.

▶ **위험을 감수하려는 에스더의 용기와 마음에서 어떤 도전을 받았나요?**
이 질문에 관한 대답은 다양할 것입니다.

▶ **이 이야기는 겸손과 교만에 관해 무엇을 가르쳐 주나요?**
이 질문에 관한 대답은 다양할 것입니다.

하나님의 이야기
하나님이 그분의 아들
예수 그리스도를 통해
우리를 구속해 주신 이야기

우리의 이야기
우리의 이야기가
하나님의 이야기와
만나는 곳

YOUR MISSION

생 각

우리는 성경과 삶을 통해 가장 가혹한 상황일 때, 하나님의 역사가 가장 분명하게 드러난다는 것을 알 수 있습니다. 우리는 그리스도인으로서 영원의 관점에서 삶의 모든 정황을 바라봐야 합니다. 하나님은 우리에게 세상의 겉모습과 영향력 너머를 보고, 최후 승리를 위해 하나님을 예배하며 신뢰하라고 말씀하십니다.

- 힘들 때 하나님을 의지하는 법을 배울 방법에는 어떤 것들이 있을까요?
  이 질문에 관한 대답은 다양할 것입니다.

- 미래에 승리할 것이라는 약속은 오늘의 실패를 대하는 데 어떤 도움이 될까요?
  이야기의 끝을 안다는 것, 즉 하나님이 모든 것을 새롭게 하실 것을 아는 것은 오늘날 우리 삶에서 겪는 개인적인 실패를 처리하는 방식에 영향을 미칠 것입니다.

마 음

하만은 왕이 존귀하게 하기를 원하시는 자가 자기 외에 누가 있겠느냐고 생각했습니다(에 6:6b). 구속사를 보면, 하나님은 자주 겸손한 자를 높이시고 높은 자를 낮추셨습니다. 야곱(창 25:23), 요셉(창 41:39~44), 기드온(삿 6:11~16), 다윗(삼상 16:6~13) 등을 볼 때, 이것은 하나님의 말씀에 공통적으로 나타나는 주제입니다. 높은 지위에 있던 하만은 낮아졌지만, 한때 고아였던 히브리 처녀 에스더는 페르시아 제국의 왕비가 되었습니다.

- 하나님은 왜 위대한 일에 신분이나 지위가 낮은 사람을 사용하실까요?
  이 질문에 관한 대답은 다양할 것입니다.

- '자기를 높이는 자를 낮추신다'라는 주제가 성경의 다른 이야기에서는 어떻게 나타나고 있나요? 이러한 주제가 성경에서 자주 발견되는 이유는 무엇일까요?
  이 질문에 관한 대답은 다양할 것입니다.

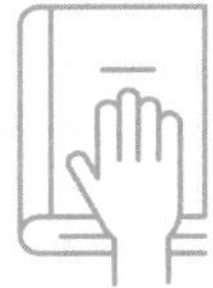

행 동

대개 하나님의 섭리의 손길은 우리 눈에 보이지 않습니다. 그러나 잠시 시간을 내어 자기 삶을 돌아본다면, 삶의 여정마다 찍힌 하나님의 지문을 볼 수 있을 것입니다. 에스더와 모르드개의 삶에 역사하셨던 하나님은 우리 삶에서도 섭리적으로 역사하고 계십니다.

- 오늘날 우리 삶에 역사하시는 하나님을 볼 수 없게 만드는 방해물은 무엇입니까?
  이 질문에 관한 대답은 다양할 것입니다.

- 하나님의 영광과 다른 이들의 유익을 위해 우리는 어떻게 위험을 감당해야 할까요?
  이 질문에 관한 대답은 다양할 것입니다.

다음 모임까지
**왕상 15:1~16:34;
대하 13~17장을**
읽어 보세요.

09

진짜 기도를 가르쳐 줄게

요약

이번 과에서 우리는 백성들을 위해 하나님께 부르짖어 기도하며, 약속의 땅에서 그들을 회복시켜 주실 것을 하나님께 청했던 느헤미야를 만나게 됩니다. 느헤미야 이야기를 읽으면서 우리가 따르는 하나님은 우리를 용서하고 구원하시는 분이며, 우리가 주님의 목적을 이루는 데 필요한 모든 것을 공급해 주시는 분임을 깨닫게 될 것입니다. 그리스도인으로서 우리는 하나님이 이 땅에 하나님 나라가 임하게 하시며, 세상을 회복하실 것을 믿습니다. 우리는 하나님의 약속을 신뢰하며 기도하고 행동해야 합니다.

성 경

느헤미야 1장 1절~2장 8절

HIS STORY

포 인 트 기도는 우리가 하나님께 완전히 의존하고 있음을 보여 준다.

등 장 인 물 삼위일체 하나님(성부, 성자, 성령)

느헤미야(예루살렘 성벽 재건을 주도한 지도자)

메시지 좌표 이 과에서 우리는 하나님께 약속의 땅에 있는 자기 백성을 회복시켜 주시길 부르짖으며 간구했던 느헤미야를 만나게 됩니다.

도 입

5~10분

인생이 순조롭게 흘러가고 모든 것이 안전하고 안정적으로 보일 때, 기도에 소홀해진다는 사실을 눈치챘습니까? 인간은 대부분 자급자족하며 살아갑니다. 다 알아서 하는 것입니다. 아마도 이것이 우리가 기도하지 않는 이유일 것입니다.

그러나 성경 전체에서 기도는 그리스도인의 삶에서 가장 근본적이고 규칙적인 요소로 언급됩니다. 사실 규칙적인 기도는 한 사람의 영적인 온전함을 드러내는 시금석이라고 할 수 있습니다. 기도는 모든 것을 하나님께 자발적으로 맡기는 것입니다(마 6:11~13). 그것은 '하나님, 모든 일에 하나님의 뜻이 이루어질 것입니다'라고 말하는 마음의 성향과 태도입니다. 느헤미야 이야기의 시작을 보면, 하나님의 백성은 곤경에 처해 있습니다. 그들은 하나님의 도우심이 필요한 상황입니다. 그렇게 때문에 그들은 전적으로 하나님께 의존하고 있습니다.

▶ 인생에서 가장 절박한 때가 하나님께 가장 자주 매달리는 때가 되는 이유는 무엇일까요? 힘들 때나 평안할 때나 지속적으로 기도하는 것이 중요한 이유는 무엇일까요?

알았는데 어떻게 안 울어?

느헤미야 이야기는 유대인을 위해 간구하는 기도로 시작합니다. '하나님이 위로하신다'라는 뜻의 이름을 가진 느헤미야는 하나님 앞에서 하나님의 고난받는 백성을 대변하는 중재자로 소개됩니다.

> [1]하가랴의 아들 느헤미야의 말이라 아닥사스다왕 제이십년 기슬르월에 내가 수산궁에 있는데 [2]내 형제들 가운데 하나인 하나니가 두어 사람과 함께 유다에서 내게 이르렀기로 내가 그 사로잡힘을 면하고 남아 있는 유다와 예루살렘 사람들의 형편을 물은즉 [3]그들이 내게 이르되 사로잡힘을 면하고 남아 있는 자들이 그 지방 거기에서 큰 환난을 당하고 능욕을 받으며 예루살렘성은 허물어지고 성문들은 불탔다 하는지라 [4]내가 이 말을 듣고 앉아서 울고 수일 동안 슬퍼하며 하늘의 하나님 앞에 금식하며 기도하여(느 1:1~4)

유대 역사에서 이때는 그들이 바벨론의 포로 생활에서 구원을 받은 시점입니다. 그러나 고향으로 돌아온 그들은 성벽이 무너진 성에서 살아야 했습니

도입 선택

학생들에게 여러 가지 형태의 컨트롤러를 생각하게 하세요. 그들은 게임 컨트롤러, TV 리모컨 등을 떠올릴 것입니다. 이런 물건을 하루에 얼마나 많이 사용하는지 물어보세요. 물건들이 잘 통제되는, 즉 버튼을 눌러서 즉각적인 결과가 나타나는 것을 좋아하는 것에 관해 이야기를 나누세요.

- *일상생활에서 어떤 물건을 컨트롤하고 있나요? 그런 물건이 컨트롤되는 것이 중요한 이유는 무엇인가요?*

물건은 원하는 대로 컨트롤할 수 있지만, 인생은 그렇게 작동되는 것이 아닙니다. 인생에는 일시중지(pause) 버튼도 없고, 되감기(rewind)를 누를 수도 없습니다. 그러나 하나님은 우리 삶에 일어나는 모든 것을 컨트롤하십니다. 그래서 하나님이 우리에게 얼마나 필요한 분이신지를 온전히 깨닫지 못한다 하더라도 우리는 하나님을 의지해야 합니다. 우리는 기도를 통해 하나님 앞에 우리의 필요를 가져갈 수 있습니다. 우리는 우리가 컨트롤할 수 없는 것들을 돌보시는 하나님을 신뢰해야 합니다. 실제로 하나님은 우리의 기도에 응답하실 때, 우리의 상상을 뛰어넘는 일을 종종 하십니다.

- *하나님이 내가 컨트롤할 수 없는 영역의 상황을 돌보셨음을 깨달은 적이 있나요?*

다. 대적들이 아닥사스다왕에게 성벽 재건을 중단하도록 요청했기 때문에 성벽은 아직 재건되지 못한 상태였습니다. 그들에게는 하나님의 보호하심이 필요했습니다(스 4:7~23).

느헤미야는 자기 백성을 보존하시는 하나님의 약속을 잘 알고 있었으므로 하나님께 부르짖었습니다(스 1:1~11). 그리고 성경이 보여 주는 것처럼 유대 백성들은 큰 곤경에 빠졌으므로(느 1:3) 신실하신 하나님의 보호하심이 절실히 필요했습니다.

예루살렘의 사정을 듣고 느헤미야가 보여 준 필사적이면서도 믿음직스러운 자세는 기도의 전형을 보여 줍니다. 유대 백성이 곤경에 처해 있음을 알게 된 느헤미야는 크게 슬퍼하고 금식하며 '하늘의 하나님'께 기도했습니다.

예루살렘의 남은 자들의 소식을 듣고 느헤미야가 보인 반응에서 무엇을 배울 수 있습니까?

하나님을 잘 알아야 기도도 잘 드리지

느헤미야의 구체적인 기도는 그가 하늘의 하나님 여호와를 친밀하게 알고 있었음을 보여 줍니다. 그것은 한 분 참 하나님이신 이스라엘의 하나님께 드리는 기도였습니다(참조, 출 3:13~15). 느헤미야의 기도에 귀 기울여 보십시오.

[5]이르되 하늘의 하나님 여호와 크고 두려우신 하나님이여 주를 사랑하고 주의 계명을 지키는 자에게 언약을 지키시며 긍휼을 베푸시는 주여 간구하나이다 [6]이제 종이 주의 종들인 이스라엘 자손을 위하여 주야로 기도하오며 우리 이스라엘 자손이 주께 범죄한 죄들을 자복하오니 주는 귀를 기울이시며 눈을 여시사 종의 기도를 들으시옵소서 나와 내 아버지의 집이 범죄하여 [7]주를 향하여 크게 악을 행하여 주께서 주의 종 모세에게 명령하신 계명과 율례와 규례를 지키지 아니하였나이다 [8]옛적에 주께서 주의 종 모세에게 명령하여 이르시되 만일 너희가 범죄하면 내가 너희를 여러 나라 가운데에 흩을 것이요 [9]만일 내게로 돌아와 내 계명을 지켜 행하면 너희 쫓긴 자가 하늘 끝에 있을지라도 내가 거기서부터 그들을 모아 내 이름을 두려고 택한 곳에 돌아오게 하리라 하신 말씀을 이제 청하건대 기억

하옵소서 [10]이들은 주께서 일찍이 큰 권능과 강한 손으로 구속하신 주의 종들이요 주의 백성이니이다 [11]주여 구하오니 귀를 기울이사 종의 기도와 주의 이름을 경외하기를 기뻐하는 종들의 기도를 들으시고 오늘 종이 형통하여 이 사람들 앞에서 은혜를 입게 하옵소서 하였나니 그때에 내가 왕의 술 관원이 되었느니라(느 1:5~11)

느헤미야의 기도를 살펴보세요. 그는 하나님의 어떤 속성에 근거해 기도하나요? 기도할 때, 백성을 어떻게 묘사하나요?

느헤미야는 자신과 하나님의 백성이 부패했고, 모세에게 주신 계명을 지키는 데 실패했음을 고백했습니다(느 1:6~7). 또한 그들의 죄로 인해 지금의 상황에 이르게 되었음을 인정했습니다(8절). 그들의 불순종은 결국 바벨론에서 포로 생활하게 되는 심판을 받게 했습니다.

그러나 희망은 있습니다. 느헤미야는 하나님께 주의 백성이 주님께 돌아오면, 그들을 다시 세워 주시겠다고 말씀하셨던 것을 상기시켜 드렸습니다. 불순종으로 포로가 되었지만, 순종함으로 복을 얻을 것입니다(레 26:3~13; 신 28:1~4). 모세처럼(출 32:13; 신 9:27) 느헤미야도 하나님의 언약에 근거해 간구했습니다. 즉 유대인들이 회개하면 그들을 약속의 땅으로 데려가 회복시키겠다고 하신 하나님의 언약에 근거해 기도한 것입니다.

이 이야기는 하나님 백성의 '두 번째 출애굽'을 말합니다. 표면적으로는 유대인들이 고레스의 조서에 따라 그들의 땅으로 돌아간 것처럼 보입니다(스 5:13). 그러나 우리는 하나님이 애굽에서 바로에게 하셨던 것처럼, 고레스를 주님의 계획을 실현할 도구로 삼아 섭리 가운데 역사하셨음을 압니다. 첫 번째 출애굽에서처럼, 궁극적으로는 하나님의 전능하신 손길이 유대인들을 구원한 것입니다. 느헤미야는 애굽에서 있었던 첫 번째 출애굽을 돌아보고 앞으로 있을 바벨론에서의 귀환을 기대하며, 그 유사점을 놓고 자신 있게 기도할 수 있었습니다. 그리고 자기 백성을 향해 변함없는 사랑을 보여 주시는 하나님이 언약을 지키시리라는 사실을 확신하고 위안을 얻을 수 있었습니다.

기도하면, 기회를 놓치지 않아

술 관원 느헤미야가 왕에게 포도주를 따를 때, 왕이 그의 얼굴을 살폈습니다(느 1:11; 2:1). 느헤미야가 왕 앞에서 수심이 가득한 모습을 보인 것은 이번이 처음이었습니다. 그래서 왕은 무엇인가 잘못된 것이 틀림없다고 생각했습니다.

[1]아닥사스다왕 제 이십 년 니산월에 왕 앞에 포도주가 있기로 내가 그 포도주를 왕에게 드렸는데 이전에는 내가 왕 앞에서 수심이 없었더니 [2]왕이 내게 이르시되 네가 병이 없거늘 어찌하여 얼굴에 수심이 있느냐 이는 필연 네 마음에 근심이 있음이로다 하더라 그때에 내가 크게 두려워하여 [3]왕께 대답하되 왕은 만세수를 하옵소서 내 조상들의 묘실이 있는 성읍이 이제까지 황폐하고 성문이 불탔사오니 내가 어찌 얼굴에 수심이 없사오리이까 하니 [4]왕이 내게 이르시되 그러면 네가 무엇을 원하느냐 하시기로 내가 곧 하늘의 하나님께 묵도하고 [5]왕에게 아뢰되 왕이 만일 좋게 여기시고 종이 왕의 목전에서 은혜를 얻었사오면 나를 유다 땅 나의 조상들의 묘실이 있는 성읍에 보내어 그 성을 건축하게 하옵소서 하였는데 [6]그때에 왕후도 왕 곁에 앉아 있었더라 왕이 내게 이르시되 네가 몇 날에 다녀올 길이며 어느 때에 돌아오겠느냐 하고 왕이 나를 보내기를 좋게 여기시기로 내가 기한을 정하고 [7]내가 또 왕에게 아뢰되 왕이 만일 좋게 여기시거든 강 서쪽 총독들에게 내리시는 조서를 내게 주사 그들이 나를 용납하여 유다에 들어가기까지 통과하게 하시고 [8]또 왕의 삼림 감독 아삽에게 조서를 내리사 그가 성전에 속한 영문의 문과 성곽과 내가 들어갈 집을 위하여 들보로 쓸 재목을 내게 주게 하옵소서 하매 내 하나님의 선한 손이 나를 도우시므로 왕이 허락하고(느 2:1~8)

느헤미야는 자신을 고향으로, 즉 그의 조상이 묻힌 성읍으로 보내 성을 재건할 수 있게 해 달라고 요청했습니다. 또한 그는 아닥사스다왕을 설득해 그 성의 재건을 중단하게 했던 총독들에게 보여 줄 조서를 내려 달라고 요청했습니다(스 4:7~9). 나아가 자금 조달을 위해 왕의 숲에서 재목을 얻게 해 달라고 요청하기까지 했습니다.

어찌 보면 무례한 요청이었는데 놀랍게도 왕은 느헤미야의 부탁을 모두 들어주었습니다! 우리는 이 모든 것이 하나님의 계획하에 이루어졌으며, 하나님이 그 땅을 재건할 준비를 계속해 오셨다는 것을 알 수 있습니다.

첫 번째 출애굽 때처럼, 하나님의 백성은 바벨론을 떠날 때 이웃의 선의로 귀중한 선물과 하나님의 성전을 건축할 재료들을 받았습니다. 아닥사스다왕은 하나님의 백성이 하나님의 성전과 성벽을 재건하는 목적을 이루는 데 필요한 모든 것을 승인했습니다.

하나님은 요셉, 다니엘, 에스더에게 그러셨던 것처럼 왕이 그들에게 은혜를 베풀게 하셨습니다. 우리는 "왕의 마음이 여호와의 손에 있음이 마치 봇물과 같아서 그가 임의로 인도하시느니라"는 잠언 21장 1절 말씀을 기억해야 합니다. '하늘의 하나님'이 자신의 주권적 목적을 성취하기 위해 여러 사건을 섭리적으로 이끌어 가시는 또 다른 사례가 느헤미야 2장에 있습니다.

알짬 교리 99

기도와 섭리

하나님이 모든 것을 통제하시고 미래를 이미 알고 계신다면, 우리는 왜 기도해야 할까요? 성경은 하나님이 세상을 위한 계획을 성취하겠다고 약속하시긴 했지만, 종종 '기도'라는 수단을 통해 자기 목적을 성취하신다고 가르칩니다. 하나님은 이야기의 결말을 알고 계시지만, 그것의 성취는 기도를 통해 이루어질 것입니다. 이런 의미에서 "기도가 변화를 일으킨다"는 말은 사실이며, 하나님이 기도로 우리 마음을 변화시켜 우리 뜻이 하나님의 뜻에 일치하도록 하신다는 것도 사실입니다.

그리스도와의 연결

백성을 위한 느헤미야의 중보 기도는 성부 하나님 앞에서 우리를 위해 중보하신 예수님의 모습을 예시합니다(히 7:25). 느헤미야가 하나님 백성의 고통을 듣고 울며 그들을 위해 기도했던(느 1:3~4) 모습은, 십자가 아래서 예루살렘을 보고 울며 기도하셨던 예수님의 모습을 보여 줍니다(눅 19:41). 느헤미야보다 더 위대하신 중보자 예수님은 자기 백성을 위해 우셨을 뿐만 아니라 그들을 위해 자기 생명을 내어 주셨습니다. 기쁜 소식은 느헤미야에게 응답하신 하나님이 오늘날 우리 기도를 들으시고, 우리 삶의 무게를 담당하신다는 사실입니다(시 68:19). 우리는 예수님이 구원을 위한 우리의 부르짖음을 들으실 뿐만 아니라 응답해 주실 것을 확신할 수 있습니다.

YOUR STORY

하나님이 들려주시는 이야기는 오늘을 사는 나와 늘 연결되어 있습니다. 아래 질문에 답하면서 성경 이야기가 내 이야기와 어떻게 연결되는지 생각해 봅시다.

▶ 어떤 사람이나 상황에 대한 무거운 부담감을 안고 기도해 본 적이 있나요?
이 질문에 관한 대답은 다양할 것입니다.

▶ 걱정, 불안, 두려움에 휩싸였을 때 보이는 첫 번째 반응은 무엇인가요? 그럴 때 누구에게 또는 무엇에 의지하나요? 느헤미야의 모범은 우리에게 무엇을 가르쳐 주나요?
이 질문에 관한 대답은 다양할 것입니다.

▶ 느헤미야는 왕에게 이야기하기 전에 마음속으로 하나님께 도움을 구하는 기도를 드렸습니다. 이것은 기도에 관해, 그리고 꼭 머리 숙여 눈을 감고 중얼거리며 기도하지 않아도 된다는 것에 관해 무엇을 가르쳐 주나요?
이 질문에 관한 대답은 다양할 것입니다.

▶ 우리 죄를 십자가로 가져가신 예수님을 아는 것이 삶에서 부딪히는 문제를 가지고 주님께 나아가 부르짖는 데 어떻게 동기를 부여해 주나요?
이 질문에 관한 대답은 다양할 것입니다.

하나님의 이야기
하나님이 그분의 아들 예수 그리스도를 통해 우리를 구속해 주신 이야기

우리의 이야기
우리의 이야기가 하나님의 이야기와 만나는 곳

YOUR MISSION

생 각

우리는 하나님이 기도를 통해 우리를 사역에 참여시키고자 하시며, 주님의 뜻을 이루시기 위해 우리를 사용하고 계신다는 사실을 기억해야 합니다. 기도는 하나님의 뜻을 성취하는 수단이며, 기도를 통해 우리는 하나님의 뜻과 계획된 목적을 실현하는 도구가 될 것입니다.

- 기도에 관한 이러한 가르침은 우리가 기도하기 전에 하나님이 이미 모든 것을 알고 계신다는 사실과 어떻게 연결되나요?

  이 질문에 관한 대답은 다양할 것입니다.

- 기도에 관한 이러한 가르침과 하나님이 기도를 통해 응답하심으로써 일하시는 것을 보여 주는 예를 들어 보세요.

  이 질문에 관한 대답은 다양할 것입니다.

마 음

이 이야기를 통해 우리는 하나님의 변함없는 사랑이 그 계명을 지키는 것을 통해 응답되리라는 것을 알 수 있습니다(신 7:9; 느 1:5). 구원으로 보여 주신 하나님의 사랑에 유대인들처럼 우리도 경건한 반응으로 순종해야 합니다.

- 순종은 하나님의 사랑에 대한 반응이지 하나님의 사랑을 받기 위한 요구 사항이 아니라는 것이 중요한 이유는 무엇일까요?

  순종이 요구 사항이라면, 구원은 은혜가 아닌 행위로 말미암은 것이 될 것입니다.

- 하나님이 사랑으로 용서해 주셨다는 것을 알면서도 순종하지 않는다면, 이것은 무엇을 말해 주나요?

  이 진리를 내면화하지 못했음을 드러내는 것이고, 존재 전체에 영향을 미치지 못한 채 오직 머리에만 남아 있는 지식일 뿐임을 말해 줍니다.

행 동

느헤미야의 기도 생활은 우리의 삶에 좋은 모범이 됩니다. 트레빈 왁스는 말했습니다. "하나님 나라의 도래를 기대하는 미래의 소망이라는 관점에서 일용할 양식과 같은 현재의 필요는 기도의 동기가 됩니다." 즉, 그리스도와 그리스도의 재림에 대한 믿음은 오늘 드리는 기도에 대한 확신을 더해 줍니다.

- 하나님이 행하신 일과 미래에 행하실 약속은 지금 처한 상황에 어떤 확신을 주나요?

  이 질문에 관한 대답은 다양할 것입니다.

- 얼마나 지속적으로 기도하고 있나요? 기도를 더욱 열심히 훈련할 수 있도록 격려하는 느헤미야의 이야기를 통해 무엇을 배웠나요?

  이 질문에 관한 대답은 다양할 것입니다.

> 다음 모임까지
> **왕상 17~21장을**
> 읽어 보세요.

10

기도하며 함께 이겨 내자, 끝까지

요 약

느헤미야서는 약속의 땅에서 자기 백성을 회복시키시는 하나님의 이야기이자, 자신들이 언약 백성임을 깨달아 가는 하나님의 백성의 이야기입니다. 느헤미야서에서 우리는 하나님의 백성이 안팎으로 갈등에 직면하는 모습을 보게 됩니다. 어려운 상황에서도 그들은 회개하며 믿음을 지키고 하나님의 뜻을 성취해 갑니다. 그리스도인은 느헤미야에게서 우리가 옳은 일을 옳은 방식으로 수행하도록 부름받았으며, 그렇게 함으로써 하나님께 성공으로 영광을 돌려드릴 수 있음을 배웁니다. 또한 하나님은 사명을 완수하는 것뿐만 아니라, 그것을 완수하는 방식을 통해서도 영광을 받으신다는 사실을 배웁니다.

성 경

느헤미야 4장 7~14절; 5장 1~13절; 6장 15~16절

HIS STORY

포 인 트	하나님은 올바른 방식으로 옳은 일을 하라고 하신다.

등 장 인 물

삼위일체 하나님(성부, 성자, 성령)

느헤미야(예루살렘 성벽 재건을 주도한 지도자)

메시지 좌표

느헤미야서는 약속의 땅에서 자기 백성을 회복시키시는 하나님의 이야기이자, 자신들이 언약 백성임을 깨달아 가는 하나님의 백성의 이야기입니다. 느헤미야서에서 우리는 하나님의 백성이 안팎으로 갈등에 직면하는 모습을 보게 됩니다. 어려운 상황에서도 그들은 회개하며 믿음을 지키고 하나님의 뜻을 성취해 갑니다.

도 입 5~10분

성경의 이야기를 들여다보면, 하나님 나라의 방식은 세상 나라의 방식과 모순적이라는 사실을 발견하게 됩니다. 간혹 일치하는 때도 있지만, 대부분 하나님 나라의 방식과 세상 나라의 방식은 확연한 대조를 이룹니다. 예수님의 말씀을 기억해 보세요. 예수님의 나라는 이 세상에 속한 것이 아닙니다(요 18:36).

불가능한 것처럼 보이는, 그래서 신앙적인 행위가 요구되는 상황에 부딪혔을 때, 그리스도인은 어떻게 반응해야 할까요? 이번 과에서는 기도가 최우선이라는 것과 지혜로운 행동에 따르는 책임에 관해 배울 것입니다.

▶ 어려운 선택을 해야 할 때, 무엇이 가장 현명한 행동인지 어떻게 판단하고 결정하나요?

두려워하지 말고, 기억해!

왕은 느헤미야가 성벽 재건을 요청했을 때, 그것을 승인해 주었을 뿐만 아니라 재건에 필요한 왕의 보호와 후원을 약속했습니다. 유대인들의 야심 찬 계획은 성공할 수 있을까요? 이어지는 상황들을 보면, 인간적인 기준에서 볼 때 그들이 목적을 달성할 가능성은 매우 희박해 보입니다.

[7]산발랏과 도비야와 아라비아 사람들과 암몬 사람들과 아스돗 사람들이 예루살렘성이 중수되어 그 허물어진 틈이 메꾸어져 간다 함을 듣고 심히 분노하여 [8]다 함께 꾀하기를 예루살렘으로 가서 치고 그곳을 요란하게 하자 하기로 [9]우리가 우리 하나님께 기도하며 그들로 말미암아 파수꾼을 두어 주야로 방비하는데 [10]유다 사람들은 이르기를 흙무더기가 아직도 많거늘 짐을 나르는 자의 힘이 다 빠졌으니 우리가 성을 건축하지 못하리라 하고 [11]우리의 원수들은 이르기를 그들이 알지 못하고 보지 못하는 사이에 우리가 그들 가운데 달려 들어가서 살륙하여 역사를 그치게 하리라 하고 [12]그 원수들의 근처에 거주하는 유다 사람들도 그 각처에서 와서 열 번이나 우리에게 말하기를 너희가 우리에게로 와야 하리라 하기로 [13]내가 성벽 뒤의 낮고 넓은 곳에 백성이 그들의 종족을 따라 칼과 창과 활을 가지고 서 있게 하고 [14]내가 돌아본 후에 일어나서 귀족들과 민장들과 남은 백성에게 말하기를 너희는 그들을 두려워하지 말고 지극히 크시고 두려우신 주를 기억하고 너희 형제와 자녀와

도입 선택

불순종은 항상 명백하게 잘못된 것을 하려고 선택하는 것을 뜻하지 않습니다. 때때로 불순종은 타협에 더 가깝습니다. 우리는 어떤 영역에서는 순종하지만, 다른 영역에서는 타협합니다. 또는 순종하기 원하는 율법이나 율법의 일부만 선택합니다. 어느 선택도 진정한 순종이 아닙니다.

- *당연히 해야만 한다고 알거나 믿고 있던 사실을 타협해 본 적이 있나요? 그때의 상황을 설명해 보세요.*

- *그러한 상황에서 전심으로 순종하는 모습은 어떤 것이었을까요?*

이스라엘 백성은 성벽을 건설함으로써 하나님께 순종했지만, 그들의 들판과 가족들에게 소홀히 해 고통을 겪었습니다. 그들은 한편으로는 하나님께 순종했지만, 순종이 잘못된 방향으로 진행되어 결국 불순종을 낳아 회개해야만 했습니다. 마찬가지로 우리는 삶에서 옳은 것을 할 뿐만 아니라, 하나님이 원하시는 방식대로 올바르게 옳은 일을 하는 것이 중요하다는 것을 기억해야 합니다.

- *하나님께 순종하는 것과 관련해서, 어떤 일을 하는 방식이 우리가 마땅히 해야 할 일을 하는 것만큼 중요한 이유는 무엇일까요?*

아내와 집을 위하여 싸우라 하였느니라(느 4:7~14)

하나님의 백성이 처한 어려움은 다음과 같습니다. 첫째, 하나님의 백성은 멸시를 받았습니다. 산발랏과 그의 동조자들은 하나님의 백성이 성벽을 재건하는 것을 중단시키려고 했습니다.

둘째, 성벽의 기초가 노후했고 불안정했습니다. 하나님의 대적들은 성벽의 기초가 형편없어서 여우가 올라가도 무너질 것이라며 이스라엘 백성을 조롱했습니다. 사람의 기준에서 볼 때, 그들이 목적을 달성할 가능성은 그리 커 보이지 않았습니다.

산발랏과 그의 동조자들이 그처럼 강경하게 성벽 재건을 방해했던 이유는 그들의 주장에서 분명히 드러납니다. 느헤미야는 하나님 백성의 유익을 추구했지만, 산발랏과 그의 동조자들은 하나님의 백성을 희생시키면서까지 자기 유익만을 추구했습니다. 성벽이 재건되고 하나님의 백성이 하나님의 법 아래에서 함께 살기 시작하면, 하나님의 대적들이 주의 백성을 착취하는 것은 매우 힘들어질 것입니다.

좋은 소식은 대적들이 성벽 재건을 중단시키려고 모의했지만(느 4:8), 하나님의 백성이 그것에 자신 있게 맞섰다는 것입니다. 유대인들은 기도로 무장하고, 순종하며, 인내했습니다. 하나님의 백성은 대적의 반대에 맞서 서로 지켜 주며 성벽 재건을 계속해 나갔습니다.

느헤미야는 성벽 재건을 위한 하나님의 보호하심과 공급하심을 확신했습니다. 그는 백성들에게 두려워하지 말고, 지극히 크고 두려우신 하나님을 기억하며 자기 가족과 집을 위해 힘껏 싸울 것을 요청했습니다. 느헤미야 4장 20절에서 볼 수 있듯이, 그의 믿음은 하나님이 과거에도 그러셨던 것처럼 자기 백성을 위해 싸우실 것을 아는 지식에 근거한 것이었습니다.

반대에 부딪힌 느헤미야가 보인 반응에서 무엇을 배울 수 있습니까? 반대에 부딪힌 자가 보이는 지혜롭지 못한 반응에는 무엇이 있습니까?

함께 이겨 내! 하나님의 영광을 위하여!

이스라엘 백성은 느헤미야의 격려로 외부 세력의 반대를 이겨 내고 성벽 재건 사업을 다시 시작했습니다. 그러나 그들은 곧 또 다른 반대에 직면하게 됩니다. 성벽 재건은 하나님의 백성을 보호하기 위한 공동체적 환경과 하나님의 율법을 통해 하나님의 공의가 유지될 수 있는 환경을 조성하는 계획의 일부였습니다.

[1]그때에 백성들이 그들의 아내와 함께 크게 부르짖어 그들의 형제인 유다 사람들을 원망하는데 [2]어떤 사람은 말하기를 우리와 우리 자녀가 많으니 양식을 얻어먹고 살아야 하겠다 하고 [3]어떤 사람은 말하기를 우리가 밭과 포도원과 집이라도 저당 잡히고 이 흉년에 곡식을 얻자 하고 [4]어떤 사람은 말하기를 우리는 밭과 포도원으로 돈을 빚내서 왕에게 세금을 바쳤도다 [5]우리 육체도 우리 형제의 육체와 같고 우리 자녀도 그들의 자녀와 같거늘 이제 우리 자녀를 종으로 파는도다 우리 딸 중에 벌써 종 된 자가 있고 우리의 밭과 포도원이 이미 남의 것이 되었으나 우리에게는 아무런 힘이 없도다 하더라 [6]내가 백성의 부르짖음과 이런 말을 듣고 크게 노하였으나 [7]깊이 생각하고 귀족들과 민장들을 꾸짖어 그들에게 이르기를 너희가 각기 형제에게 높은 이자를 취하는도다 하고 대회를 열고 그들을 쳐서 [8]그들에게 이르기를 우리는 이방인의 손에 팔린 우리 형제 유다 사람들을 우리의 힘을 다하여 도로 찾았거늘 너희는 너희 형제를 팔고자 하느냐 더구나 우리의 손에 팔리게 하겠느냐 하매 그들이 잠잠하여 말이 없기로 [9]내가 또 이르기를 너희의 소행이 좋지 못하도다 우리의 대적 이방 사람의 비방을 생각하고 우리 하나님을 경외하는 가운데 행할 것이 아니냐 [10]나와 내 형제와 종자들도 역시 돈과 양식을 백성에게 꾸어 주었거니와 우리가 그 이자 받기를 그치자 [11]그런즉 너희는 그들에게 오늘이라도 그들의 밭과 포도원과 감람원과 집이며 너희가 꾸어 준 돈이나 양식이나 새 포도주나 기름의 백분의 일을 돌려보내라 하였더니 [12]그들이 말하기를 우리가 당신의 말씀대로 행하여 돌려보내고 그들에게서 아무것도 요구하지 아니하리이다 하기로 내가 제사장들을 불러 그들에게 그 말대로 행하겠다고 맹세하게 하고 [13]내가 옷자락을 털며 이르기를 이 말대로 행하지 아니하는 자는 모두 하나님이 또한 이와 같이 그 집과 산업에서 털어 버리실지니 그는 곧 이렇게 털려서 빈손이 될지로다 하매 회중이 다 아멘 하고 여호와를 찬송하고 백성들이 그 말한 대로 행하였느니라

(느 5:1~13)

그런데 하나님의 백성이 성벽 재건 사업에 집중하느라 자기 밭을 소홀히 했습니다. 그들은 곡식을 교환하는 대가로 다른 이들을 고용해 그들 밭에서 일하게 했습니다. 설상가상으로 기근이 닥쳤는데, 왕은 세금을 유예해 주지 않았습니다. 상황이 이렇다 보니, 하나님의 백성은 빚을 지고 연약한 아이들을 종으로 팔아야 했습니다. 결과적으로 하나님의 백성은 가난한 이들을 소홀히 할 뿐만 아니라 자급조차도 하지 못하게 되었습니다.

느헤미야는 이러한 상황에 크게 분노했습니다. 그들은 자기 자녀들과 가난한 사람들을 참혹한 처지로 내몰았을 뿐만 아니라, 서로 이자를 매기고 있었습니다(5:6~8). 모세의 율법은 유대 사람들끼리 이자를 취하는 것을 엄격히 금했습니다. 안팎의 위협에도 불구하고, 단 52일 만에 성벽이 재건되었습니다. 이 기간 동안 하나님은 자기 과업을 성취하시기 위해 자기 백성 중에서 일하셨습니다.

> [15]성벽 역사가 오십이 일 만인 엘룰월 이십오 일에 끝나매 [16]우리의 모든 대적과 주위에 있는 이방 족속들이 이를 듣고 다 두려워하여 크게 낙담하였으니 그들이 우리 하나님께서 이 역사를 이루신 것을 앎이니라 (느 6:15~16)

이것은 하나님의 백성이 하나님을 신뢰하고 순종하며 인내하면, 그들을 통해 하나님이 무엇이든 이루실 수 있다는 것을 과소평가해서는 안 된다는 사실을 깨닫게 합니다.

알짬 교리 **99**

사회적 관심

모든 그리스도인은 자기 삶과 인간 사회에서 그리스도의 뜻을 최우선으로 삼아야 할 의무가 있습니다. 사회를 개선하고, 사람들 사이에 의로움을 세우기 위한 수단과 방법들은 그것들이 예수 그리스도 안에 있는 하나님의 구원의 은혜로 말미암아 거듭난 개인들 안에 뿌리를 박고 있을 때만 진정으로, 그리고 영구적으로 도움이 될 수 있습니다. 그리스도인은 그리스도의 정신에 따라, 인종 차별, 탐욕, 이기심, 악덕, 그리고 간음과 동성애와 포르노를 포함한 모든 형태의 성적 부도덕에 저항해야 합니다. 우리는 고아, 노인, 가난한 자, 학대받는 자, 무력한 자, 병든 자들의 필요를 채워 주기 위해 노력해야 합니다. 우리는 태어나지 않은 태아들을 대변해야 하고, 잉태에서 자연적인 죽음에 이르기까지의 모든 인간 생명의 존엄성을 주장해야 합니다. 모든 그리스도인은 의와 진리 그리고 형제애의 원칙에 따라, 정부, 기업, 사회가 전체적으로 움직이도록 노력해야 합니다. 이러한 목적을 위해서, 그리스도인은 그리스도와 그분의 진리를 따르는 데 있어서 타협함이 없이 항상 사랑의 정신으로 정중하게 행동하면서 선한 목적으로 선한 뜻을 가진 모든 사람과 협력할 준비가 되어 있어야 합니다(미 6:8; 엡 6:5~9; 살전 3:12).

그리스도와의 연결

‘두려워하지 말고, 하나님을 신뢰하고 순종하라’는 느헤미야의 권고는 오늘날 그리스도인들에게도 위안이 됩니다. 느헤미야는 열방이 하나님을 대적하는 상황을 선언하고 있습니다. 이것은 하나님의 대적이 전능하신 하나님을 상대로 헛된 음모를 꾸미고 있음을 노래하는 시편 4편 1~4절을 생각나게 합니다.

우리는 유대인들이 산발랏과 그의 동조자들(도비야, 아라비아 사람들, 암몬 사람들, 아스돗 사람들)에게 맞섰던 것처럼, 하나님의 독생자도 그런 반대에 맞서 승리하셨다는 것을 잊어서는 안 됩니다. 성경은 예수님이 사람들로부터 멸시와 천대를 받았다고 말합니다(사 53:3; 벧전 2:23). 느헤미야와 유대 사람들처럼 예수님은 흔들림 없이 순종하셨습니다. 심지어 죽기까지 그러셨습니다(빌 2:8). 그리고 승리하셨습니다(고전 15:55~57). 우리는 하나님이 그리스도 안에서 우리를 위해 싸우셨다는 사실을 기억해야 합니다. 우리는 경외심을 불러일으키는 위대하신 하나님을 기억하고, 멸시와 천대를 받을지라도 끝까지 싸워야 합니다.

YOUR STORY

하나님이 들려주시는 이야기는 오늘을 사는 나와 늘 연결되어 있습니다. 아래 질문에 답하면서 성경 이야기가 내 이야기와 어떻게 연결되는지 생각해 봅시다.

▶ 우리 삶에서 두려움은 하나님의 뜻을 성취하지 못하게 막는 강력한 존재입니다. 하나님의 백성이 두려움과 싸워 승리할 수 있는 구체적인 방법에는 어떤 것들이 있을까요?
이 질문에 관한 대답은 다양할 것입니다.

▶ 하나님의 뜻과 명령에 순종하기 위해 노력할 때 우리 삶을 면밀하게 살펴봐야 하는 이유는 무엇일까요?
이 질문에 관한 대답은 다양할 것입니다.

▶ 자신의 부족함과 죄에 직면했을 때 보이는 반응은 두 가지입니다. 회개하고 돌아서거나 저항하는 것입니다. 복음은 첫 번째 반응에 어떻게 힘을 실어 주나요?
예수님에게 겸손하게 복종하는 것만으로 용서받을 수 있다는 사실을 알면, 복음은 스스로 겸손해지게 하고, 잘못을 인정하게 하며, 은혜의 보좌에서 용서를 구하게 할 것입니다.

▶ 하나님이 하신 놀라운 일을 보고, '하나님만이 이것을 하실 수 있다'는 것을 깨달았던 적이 있나요?
이 질문에 관한 대답은 다양할 것입니다.

하나님의 이야기
하나님이 그분의 아들 예수 그리스도를 통해 우리를 구속해 주신 이야기

우리의 이야기
우리의 이야기가 하나님의 이야기와 만나는 곳

YOUR MISSION

생 각

유대인들은 성벽을 재건하는 하나님의 뜻을 성취하는 데는 집중했지만, 삶의 다른 영역에 소홀함으로써 위태로워졌습니다. 그러자 성벽을 재건하는 일도 위태로워졌습니다. 그러나 느헤미야가 그들의 죄를 지적하자, 그들은 회개하고 잘못을 바로잡으려 했습니다(느 5:12~13). 그들이 질책받은 후 회개했던 것처럼, 우리도 깨달았을 때 회개해야 합니다.

- 여러분의 삶에서 타협을 했었기에 회개가 필요한 삶의 영역이 있다면 어느 부분인가요?

  이 질문에 관한 대답은 다양할 것입니다.

- 깨닫지 못한 죄의 사각지대를 확인하는 방법에는 어떤 것들이 있을까요?

  경건하고 신실한 친구들에게 내가 보지 못하는 것들을 찾아 달라고 부탁하면, 그들이 나도 모르는 사이에 내 마음속에 쌓인 우상 같은 것들을 알려 줄 것입니다.

마 음

느헤미야는 백성들에게 하나님이 그들과 함께 계심을 계속해서 주지시켜 주었습니다. 또한 하나님이 성벽을 재건할 힘을 주시고 그들을 형통하게 하실 것이라고 선포했습니다. 느헤미야는 하나님이 대적들을 낙담시킬 뿐만 아니라 그들과 싸우실 것도 알고 있었습니다. 이 고백의 정점은 하나님이 역사를 이루셨다는 것인데, 이는 심지어 그의 대적들을 통해 표현되었습니다.

- 이스라엘 백성이 타협을 했음에도 불구하고 하나님이 그들과 맺은 약속을 지키신 것에서 알 수 있는 하나님의 성품은 어떤 것인가요?

  본질적으로 이 이야기는 하나님이 선하시고 자기 약속을 신실하게 지키시는 분임을 보여 줍니다.

- 이것이 어떻게 성경에 기록된 하나님의 약속을 믿는데 도움이 될까요?

  이 질문에 관한 대답은 다양할 것입니다.

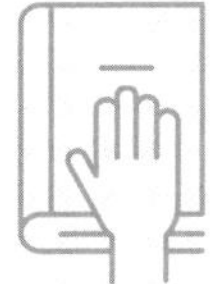

행 동

이 이야기는 하나님에게서 위대한 일을 기대하게 할 뿐만 아니라, 하나님을 위해 위대한 일을 시도하도록 도전합니다. 하나님은 주님의 목적을 성취하시기 위해 우리가 온전하고 완전하게 하나님을 의지하기를 원하시기도 하지만, 우리가 위험을 감수하고 행동하며 섬기기를 원하시기도 합니다.

- 이 이야기는 '기독교는 단순히 믿음에 관한 것일 뿐이고, 삶으로 살아 낼 문제는 아니다'라는 생각에 어떤 도전을 줄까요?

  이 질문에 관한 대답은 다양할 것입니다.

- 우리가 경험한 성공에 대해 하나님께 영광을 돌려 드리는 것이 왜 중요할까요?

  이 질문에 관한 대답은 다양할 것입니다.

> 다음 모임까지
> 왕상 22장;
> 대하 18~20장;
> 왕하 1~4장을
> 읽어 보세요.

11

말씀을 들을 시간이야

요약

이번 과에서는 하나님의 백성이 하나님의 말씀으로 어떻게 빚어지는지 볼 것입니다. 에스라가 하나님의 말씀을 선포하자, 백성들은 하나님의 음성에 귀를 기울이고, 회개로 반응하여 새롭게 되었습니다. 이처럼 성경적 교제의 중심에는 하나님의 말씀이 있어야만 합니다. 우리가 함께 모여서 성경을 통해 말씀하시는 하나님의 음성을 들으면, 회개하고 싶어지고 교제하는 가운데 힘을 얻고 사명을 받게 됩니다.

성경

느헤미야 8장 1~12절

HIS STORY

포 인 트   성경적 공동체는 하나님의 말씀을 중심에 두어야 한다.

등 장 인 물   삼위일체 하나님(성부, 성자, 성령)

에스라(유대 공동체의 재건과 그들이 여전히 하나님의 택함을 받은 백성임을 기억하도록 돕기 위해 예루살렘으로 돌아온 선지자)

메시지 좌표   하나님은 포로 생활을 하는 자기 백성을 신실하게 보존하셨고, 성전 재건을 위해 그들을 귀환시키셨으며, 느헤미야의 지도하에 예루살렘의 성벽을 재건하게 하셨습니다. 하나님은 자기 백성에게 늘 신실하셨습니다. 예루살렘 성전과 성벽은 재건되었고, 이로써 하나님의 백성은 하나님의 말씀을 듣고 순종하며 부흥을 경험할 준비가 되었습니다.

도 입　　　　　　　　　5~10분

매년 12월 31일에는 수많은 사람이 맨해튼 중심부에 있는 타임스퀘어로 몰려듭니다. 자정이 다가오면, 수만 명의 시선이 타임스퀘어 빌딩 꼭대기로 향합니다. 카운트다운이 시작되고, 마침내 시계가 자정을 가리키며 새해를 알립니다. 그곳에 모인 사람들은 그렇게 함께 새해를 맞이하는데, 그 분위기가 가히 열광적입니다.

하나의 목적을 위해 사람들이 함께 모이는 데는 특별한 무언가가 있습니다. 사람들은 운동 경기, 음악회, 명절 축하 행사 등 하나의 관심사로 모이기를 좋아합니다. 신자들이 하나님의 말씀을 듣기 위해 모일 때도 마찬가지입니다.

느헤미야 8장 1~2절은 하나님의 백성이 하나님의 말씀을 듣기 위해 모이는 강렬한 장면을 보여 줍니다. 이번 과에서 우리는 낭독되는 하나님의 말씀을 듣기 위해 모인 이스라엘 백성을 보게 됩니다.

▶ 무언가를 기념하기 위해 다른 이들과 함께 모여 나누는 재미있는 활동에는 어떤 것들이 있을까요?

▶ 하나님의 말씀을 공부하기 위한 모임을 이처럼 대하기 위해 우리가 바꿔야 할 태도는 무엇일까요?

말씀을 귀로 듣다니

　　이스라엘 역사를 살펴보면, 우상 숭배야말로 하나님으로부터 멀어지는 근본적인 이유임을 알 수 있습니다. 하나님의 백성은 그들의 죄 때문에 70년 동안이나 바벨론에서 포로 생활을 해야 했습니다. 이제 많은 유대인이 예루살렘으로 귀환해 공개적인 자리에서 함께 하나님의 말씀을 들음으로써 주님을 예배할 수 있게 되었습니다. 시기적절하게 행사가 열렸습니다. 율법에 따르면, 온 백성은 7년마다 모여 율법을 들어야 했습니다(신 31:9~13).

¹이스라엘 자손이 자기들의 성읍에 거주하였더니 일곱째 달에 이르러 모든 백성이 일제히 수문 앞 광장에 모여 학사 에스라에게 여호와께서 이스라엘에게 명령하신 모세의 율법책을 가져오기를 청하매 ²일곱째 달 초하루에 제사장 에스라가 율법책을 가지고 회중 앞 곧

도입 선택

서너 명씩 짝지어 여러 사람이 모여 함께 기념하는 행사에 대해 생각해 보게 하십시오. 학생들이 이야기한 이벤트나 기념일을 칠판(또는 큰 종이)에 열거해 주세요.

- *이벤트나 기념일이 지향하는 중심점은 무엇입니까? 무엇을 기념할 때, 그것이 가진 중심점을 아는 것이 왜 중요할까요?*

예루살렘에서 에스라 선지자가 모세의 율법에 따라 하나님의 율법을 백성들에게 큰 소리로 읽어 주었습니다. 모든 이스라엘 백성이 하나님의 말씀을 듣기 위해 모였습니다. 이와 마찬가지로 다른 신자들과 함께 하나님의 말씀을 공부하기 위해 모이는 것은 우리에게 정말 중요한 일입니다.

- *다른 신자들과 함께 하나님의 말씀을 공부하는 것이 우리에게 중요한 이유는 무엇일까요? 이렇게 함께 성경 공부하는 것은 하나님과의 관계를 깊어지게 하는 데 어떤 도움이 될까요?*

남자나 여자나 알아들을 만한 모든 사람 앞에 이르러(느 8:1~2)

오늘날 그리스도인들은 하나님의 말씀을 들을 기회를 기다릴 필요가 없습니다. 7년마다가 아니라 7일마다 하나님의 말씀을 듣고 있으니, 이 얼마나 큰 축복입니까! 게다가 일주일 내내 직접 말씀을 읽을 수도 있지 않습니까? 우리가 함께 모여서 목사님이 "진리의 말씀을 옳게 분별"(딤후 2:15; 4:12)해 전하는 말씀을 듣는 것의 유익은 하나님의 백성인 우리가 하나님의 영광을 위해 명령하신 선한 일을 행할 능력을 갖추게 된다는 데 있습니다(엡 2:10; 4:11~16).

교회가 하나님의 말씀 선포에 중점을 두는지 아니면 다른 것에 두는지 어떻게 알 수 있을까요? 신자들이 모여서 하나님의 말씀을 듣는 것이 왜 그렇게 중요할까요?

성경의 영감

알짬 교리**99**

'성경의 영감'이란 성경을 기록한 인간 저자들에게 하나님이 지시하신 것을 가리키는데, 그들은 하나님이 인류에게 주시는 메시지를 자기 글로 작성하고 기록했습니다(딤후 3:16; 벧후 1:19~21). 성경의 영감은 하나님이 인간 저자에게 직접 말씀해 주시는 구술 방식으로 이루어지기도 했습니다. 그러나 대부분은 성령님이 저자들의 인격에 초자연적인 영향력을 행사하시는 방식으로 이루어졌으므로 그들의 글은 곧 하나님의 말씀으로 간주됩니다.

모든 백성이 일어나 아멘, 아멘!

오늘날 우리는 사람들의 주의를 끌기 힘든 시대에 살고 있습니다. 사람들이 집중하는 시간은 점점 더 짧아지고 있는 것 같습니다. 잠깐이라도 지겨움을 느끼면 곧장 전자 기기로 시선을 돌려 버립니다. 오늘날 우리의 모습을 이스라엘 백성들과 비교해 생각해 보십시오. 이 특별한 날에 그들이 하나님의 말씀을 어떻게 듣고 있는지 잘 살펴보세요.

³수문 앞 광장에서 새벽부터 정오까지 남자나 여자나 알아들을 만한 모든 사람 앞에서 읽으매 뭇 백성이 그 율법책에 귀를 기울였는데 ⁴그때에 학사 에스라가 특별히 지은 나무 강단에 서고 그의 곁 오른쪽에 선 자는 맛디댜와 스마와 아나야와 우리야와 힐기야와 마아세야요 그의 왼쪽에 선 자는 브다야와 미사엘과 말기야와 하숨과 하스밧다나와 스가랴와 므술람이라 ⁵에스라가 모든 백성 위에 서서 그들 목전에 책을 펴니 책을 펼 때에 모든 백성이 일어서니라 ⁶에스라가 위대하신 하나님 여호와를 송축하매 모든 백성이 손을 들고 아멘 아멘 하고 응답하고 몸을 굽혀 얼굴을 땅에 대고 여호와께 경배하니라(느 8:3~6)

백성들의 반응은 놀라웠습니다. 첫째, 에스라가 성경을 펼치자 모든 백성이 일어섰습니다. 에스라가 기도한 후 하나님을 송축하라고 선언하자 백성들은 손을 들고 "아멘, 아멘" 하고 화답했습니다.

둘째, 백성들은 하나님의 말씀을 읽음으로써 그들에게 하나님의 축복이 임하기를 기대했습니다. 그래서 주님께 경배하는 동안 몸을 굽혀 얼굴을 땅에 대는 겸손한 행동을 취했습니다. 하나님의 백성이 한목소리로 하나님을 송축하고 예배하는 아름다운 모습이었습니다.

셋째, 그들이 함께 모여 하나님의 말씀을 듣고 있다는 사실에 주목하십시오. 진정한 부흥은 공동체 안에서 경험되는 법입니다. 하나님께 죄를 고백할 뿐만 아니라, 나아가 그다음 단계로 서로 죄를 고백해야 합니다. 하나님이 우리를 용서해 주신 것처럼, 우리도 다른 사람들을 용서해야 합니다. 그럴 때 비로소 공동체에서 부흥을 경험하고 누리게 될 것입니다!

말씀이 들리니 마음 길이 잡히네

진정한 부흥은 하나님 백성으로 하여금 말씀을 듣기 위해 모이게 하고, 하나님께 순전한 찬양을 올려 드리게 하며, 하나님의 계명에 순종하고픈 열망을 일으킵니다. 성경을 통해 우리는 하나님이 자기 백성을 회개하게 하시고, 함께 의롭게 살아가도록 부르시는 것을 보게 됩니다. 느헤미야 8장 7~12절에서 우리는 국가적인 부흥이 어떤 것인지, 그리고 국가적인 회개와 책임에 대한 요구가 있음을 어렴풋하게나마 볼 수 있습니다.

7예수아와 바니와 세레뱌와 야민과 악굽과 사브대와 호디야와 마아세야와 그리다와 아사랴와 요사밧과 하난과 블라야와 레위 사람들은 백성이 제자리에 서 있는 동안 그들에게 율법을 깨닫게 하였는데 8하나님의 율법책을 낭독하고 그 뜻을 해석하여 백성에게 그 낭독하는 것을 다 깨닫게 하니 9백성이 율법의 말씀을 듣고 다 우는지라 총독 느헤미야와 제사장 겸 학사 에스라와 백성을 가르치는 레위 사람들이 모든 백성에게 이르기를 오늘은 너희 하나님 여호와의 성일이니 슬퍼하지 말며 울지 말라 하고 10느헤미야가 또 그들에게 이르기를 너희는 가서 살진 것을 먹고 단것을 마시되 준비하지 못한 자에게는 나누어 주라 이날은 우리 주의 성일이니 근심하지 말라 여호와로 인하여 기뻐하는 것이 너희의 힘이니라 하고 11레위 사람들도 모든 백성을 정숙하게 하여 이르기를 오늘은 성일이니 마땅히 조용하고 근심하지 말라 하니 12모든 백성이 곧 가서 먹고 마시며 나누어 주고 크게 즐거워하니 이는 그들이 그 읽어 들려준 말을 밝히 앎이라(느 8:7~12)

느헤미야서에서 우리는 에스라가 성경을 낭독하는 모습을 보게 됩니다. 그곳에 모인 사람들 중에는 바벨론에서 자라서 히브리어를 알지 못해 성경의 말씀을 이해하지 못하는 사람들도 있었습니다. 그래서 레위인들이 백성들 사이를 걸어 다니면서 그들이 이해할 수 있는 언어로 성경을 다시 설명해 주었습니다. 백성들은 하나님의 말씀을 이해하자 울기 시작했습니다. 대대로 내려온 불순종을 깨닫고 마음이 무너진 것입니다.

하나님은 백성들에게 회개하고 주님의 거룩함을 기념할 수 있는 기회를 주셨습니다. 그들은 새해를 기념하는 나팔절을 축하했습니다. 이것이 바로 자기 백성을 위하시는 하나님의 방식인 듯합니다. 즉 하나님은 말씀하시고, 그 백성은 마음과 귀를 열어 듣습니다. 하나님이 그들의 잘못을 지적하시면, 백성들은 자기 죄로 인해 마음이 무너집니다. 그러면 하나님이 말씀으로 그들을 위로하시며 의롭게 사는 길을 가르쳐 주십니다.

그리스도인으로서 디모데후서 3장 16절을 읽을 때, 힘이 납니다. "모든 성경은 하나님의 감동으로 된 것으로 교훈과 책망과 바르게 함과 의로 교육하기에 유익하니." 우리는 하나님이 성경의 저자이시고, 거짓말하는 것은 그분의 성품이 아니기 때문에(민 23:19; 히 6:18) 하나님의 말씀이 절대적 진리라는 것을 압니다. 하나님의 말씀을 성실히 배우면, 말씀이 우리가 저지른 실수와 마주하게 하고 우리가 살아가야 할 길을 보여 줍니다.

그리스도와의 연결

오늘날 우리가 누리는 평안은 복음에서 비롯된 것입니다. 예수님은 자신을 구주로 영접하는 모든 이에게 구원과 성화의 삶을 허락해 주십니다. 복음은 그리스도를 구주로 영접한 이들은 결과적으로 죄 용서까지 받는다고 약속합니다. 왜냐하면 죄 없으신 예수님이 우리를 대신해 죄가 되셨으므로 그로 말미암아 하나님의 의가 될 수 있기 때문입니다(고후 5:21; 엡 1:7).

그러나 이것은 이야기의 끝이 아닙니다. 그리스도인은 성령 하나님이 그 안에 내주하심으로써 의롭게 살아갈 능력을 축복으로 받았습니다(롬 8:9~13). 주님은 하나님의 말씀을 읽고 설교를 들을 때, 그 말씀을 이해할 수 있는 능력을 주십니다. 성령은 죄를 깨닫게 하시고, 죄를 고백할 힘을 주시고, 육체의 정욕을 죽이게 하십니다(롬 8:13).

YOUR STORY

하나님이 들려주시는 이야기는 오늘을 사는 나와 늘 연결되어 있습니다. 아래
질문에 답하면서 성경 이야기가 내 이야기와 어떻게 연결되는지 생각해 봅시다.

▶ 마음속에 하나님의 말씀을 향한 순수한 갈망과 욕구를 품고자 할 때 방해가 되는 것들
은 무엇인가요?
이 질문에 관한 대답은 다양할 것입니다.

▶ 하나님의 말씀에 순종하고자 할 때, 그리스도인들은 서로 어떻게 도울 수 있을까요?
이 질문에 관한 대답은 다양할 것입니다.

▶ 하나님의 말씀을 읽고 공부하면, 어떤 유익이 있을까요?
이 질문에 관한 대답은 다양할 것입니다.

▶ 이 이야기는 성경 공부에 어떤 도전을 주나요?
이 질문에 관한 대답은 다양할 것입니다.

하나님의 이야기
하나님이 그분의 아들
예수 그리스도를 통해
우리를 구속해 주신 이야기

우리의 이야기
우리의 이야기가
하나님의 이야기와
만나는 곳

YOUR MISSION

생 각

이스라엘 백성들이 선 채로 무려 6시간 동안이나 하나님의 말씀을 들었다는 사실에 주목하세요. 그들은 수십 년간 성경 낭독을 공개적으로 들을 수 없었는데, 에스라의 낭독으로 하나님의 음성을 다시 듣게 되었습니다. 그들은 왜 그렇게 하나님의 말씀을 계속 듣고 싶어 했을까요? 바로 하나님의 실제적인 음성을 듣고 있었기 때문입니다.

● **하나님의 말씀을 간절히 찾아야 하지만, 그렇게 하지 못하는 이유는 무엇일까요?**
이 질문에 관한 대답은 다양할 것입니다.

● **하나님의 말씀을 듣고 읽고 싶은 열망을 키우는 방법에는 어떤 것들이 있을까요?**
한 가지 방법은 차 안에서든 스마트폰을 통해서든 좋은 설교를 듣는 습관을 키우는 것입니다. 제대로 된 성경적 가르침에 계속 노출되는 것은 그 사람이 가진 하나님의 말씀에 대한 열망에 큰 영향을 끼칩니다.

마 음

부흥은 하나님의 백성이 그분의 말씀 낭독과 설명을 통해 들리는 음성에 집중할 때 경험할 수 있으며, 공동체 안에서만 경험할 수 있고, 회개하고 서로를 책임질 때 일어나는 것입니다. 함께 모여 하나님의 말씀을 듣는 훈련을 하면, 세상을 바라보고 생각하는 방식이 달라질 것입니다. 하나님을 알기 원하는 마음이 더욱 커질 것입니다. 아직 하나님을 모르고, 하나님을 찾지 않는 이들에게 복음을 전하고 싶은 열망이 계속 자라날 것입니다.

● **하나님이 부흥의 핵심 자원으로 말씀을 택하신 이유는 무엇일까요?**
이 질문에 관한 대답은 다양할 것입니다.

● **다음 주 자신의 삶의 우선순위 목록을 작성해 보세요.**
이 질문에 관한 대답은 다양할 것입니다.

행 동

이스라엘의 지도자들은 성경을 읽어 주고 설명해 줌으로써 말씀을 이해하지 못하는 이들에게 영향을 끼쳤습니다(느 8:4~6). 백성들은 하나님의 말씀이 낭독될 때 지도자들의 모습을 지켜봤습니다. 에스라가 하나님을 찬양했고, 백성들은 그의 모습을 보고 따라했습니다. 지도자들은 백성들과 함께 하나님의 말씀을 겸손히 경청함으로써 그들만의 문화를 만들어 갔습니다.

● **누군가 나에게 어려운 성경 내용을 쉽게 이해할 수 있도록 도와준 적이 있나요?**
이 질문에 관한 대답은 다양할 것입니다.

● **그와 똑같이 다른 사람들을 도운 적이 있나요?**
이 질문에 관한 대답은 다양할 것입니다.

> 다음 모임까지
> 왕하 5~8장;
> 대하 21:1~22:9을
> 읽어 보세요.

믿음의 승리

부록 1

성경 인물	위협적인 상황	죽음을 두려워하지 않는 믿음	결과
사드락 메삭 아벳느고	왕의 신상에 절하거나 아니면 풀무 불에 던져지거나(단 3:13~15)	"하나님은 우리를 건져내시리이다 그렇게 하지 아니하실지라도 왕의 신상에는 절하지 않을 것입니다"(단 3:16~18)	풀무 불에 던져졌지만, 하나님이 그들을 불에서 구원하셨음(단 3:19~29; 히 11:34)
다니엘	30일 동안, 왕에게만 간구하거나 아니면 사자 굴에 던져지거나 (단 6:6~9)	전에 하던 대로 하나님께 기도함(단 6:10)	사자 굴에 던져졌지만, 하나님이 그를 사자들의 입에서 건져 주셨음 (단 6:16~23; 히 11:33)
에스더	왕의 부름 없이 자기 백성을 진멸의 위기에서 구하기 위해 왕에게 나아갔고, 그렇게 함으로써 사형에 처해질 수도 있었음 (에 4:8~11)	왕후의 자리에 오른 것이 "이 때를 위함"인 줄로 믿고, 3일 동안 금식하고 기도한 후에 왕 앞에 나아감(에 4:14~17)	왕의 승인을 받음으로써 자기 백성의 진멸을 막을 수 있었음(에 5~9장)
스룹바벨 예수아 학개 스가랴	성전 재건에 관한 왕의 결정을 위해, 재건 중인 지도자들의 이름이 왕에게 보내짐(스 4:24~5:17)	성전 재건을 계속하며 자신들을 천지의 하나님의 종으로 소개함(스 5:11~16)	왕이 성전 재건을 허락하고, 필요한 경비를 왕실에서 내리게 함으로써 마침내 성전이 재건됨(스 6:1~15)
에스라	바벨론에서 예루살렘으로 가는 여정에 적들의 위협이 있을 수 있음 (스 8:21~22)	하나님이 그들을 보호해 주실 것이라고 말하며 왕에게 보호 요청을 하지 않고 하나님의 보호하심을 위해 금식하며 기도함(스 8:21~23)	하나님이 자기 백성을 강하게 하시며, 대적과 길에 매복한 자의 손에서 건지심 (스 8:31)
느헤미야	왕 앞에서 수심을 보임으로써 겪을 수 있는 미지의 잠재적 결과 때문에 큰 두려움을 느낌 (느 2:1~2)	자신이 슬퍼하는 이유를 설명하고, 하늘의 하나님께 묵도한 뒤 예루살렘으로 돌아가 성을 재건하도록 허락해 줄 것과 재건에 필요한 물품을 요청함(느 2:3~8)	하나님의 선한 손이 도우사 왕이 그의 요청을 허락하고, 그는 예루살렘으로 돌아가 성벽을 재건했음 (느 2:8~6:16)
예수님	십자가가 가져올 부끄러움과 죽음(히 12:2)	그 앞에 있는 기쁨을 위해 십자가를 참으사 부끄러움을 개의치 아니하심(히 12:2)	하나님 보좌 우편에 앉으셨음(히 12:2)

12

최고의 분에게 최고의 것을!

요약

구약성경의 마지막 책인 말라기서는 하나님의 백성이 하나님을 어떻게 예배해야 하는지, 더욱 구체적으로는 어떻게 예배드리면 안 되는지를 우리에게 보여 줍니다. 말라기가 기록한 사람들은 이교도의 우상 숭배나 이단 교리에서는 자유로워졌지만, 그들의 예배는 진부하고 생명력이 없어졌습니다. 하나님은 말라기 선지자에게 건성으로 예배드리는 백성들을 일깨우는 말씀을 주셨습니다. 그 메시지는 오늘날 우리에게도 여전히 유효합니다.

성경

말라기 1장 6~14절; 3장 7~12절; 4장 1~6절

HIS STORY

포 인 트	예배는 하나님께 우리의 최고의 것을 드리는 것이다.

등 장 인 물

삼위일체 하나님(성부, 성자, 성령)

말라기(하나님의 선지자. 말라기서는 구약성경의 마지막 책)

메시지 좌표

구약성경의 여정을 끝내면서, 이제 말라기서를 살펴볼 것입니다. 구약성경의 마지막 책인 말라기서는 하나님의 백성이 어떻게 예배해야 하는지, 더욱 구체적으로는 어떻게 예배드리면 안 되는지를 우리에게 보여 줍니다. 말라기가 기록한 사람들은 이교도의 우상 숭배나 이단 교리에서는 자유로워졌지만, 그들의 예배는 진부하고 생명력이 없어졌습니다.

도 입 

5~10분

말콤 글래드웰은 저서《아웃라이어》(*Outliers*)에서 벼락 성공은 아주 드물다고 주장합니다. 그는 로버트 오펜하이머나 빌 게이츠나 비틀즈 등 성공한 사람들의 삶을 면밀히 살폈습니다. 그는 그들이 단숨에 성공한 것이 아니라고 말합니다. 그들은 아무도 보지 않을 때 최소 1만 시간을 투자해 자기 분야를 위해 노력했기에 성공할 수 있었다는 것입니다.

▶ 성공한 사람들 중에서 존경하는 사람은 누구인가요? 그 사람을 어떻게 설명할 수 있을까요?

존경하는 사람이 운동선수라면, '성실하다, 열정적이다, 열심이다'라는 말로 그를 묘사할 수 있을 것입니다. 성공한 사업가나 배우에게도 똑같은 표현을 쓸 수 있을 것입니다.

이제 질문을 바꿔 봅시다. 주님을 향한 헌신과 예배의 모습을 묘사해 보라고 하면 어떨까요? 자신의 헌신과 예배의 모습에도 똑같은 표현을 쓸 수 있겠습니까?

죄의 만연과 마음의 완고함에 비추어 볼 때, 말라기 선지자 시대에 이스라엘 백성에게는 '헌신', '열정', '전념'이 결여되어 있었습니다. 하나님은 자기 백성에게 가장 좋은 것을 주셨습니다. 애굽인들에게서 그들을 구하셨고, 광야에서 그들을 인도하셨으며, 삶을 위한 필수품(젖과 꿀과 같은 필수품)을 약속하셨고, 약속의 땅으로 들어가게 하셨으며, 적들을 정복하게 하셨습니다.

그런데 하나님의 변함없는 사랑에 대한 그들의 반응은 무엇이었습니까? 그들은 '보잘것없는 예배'라고 표현할 수밖에 없는 것을 하나님께 올려드렸습니다. 구약성경은 우울한 분위기로 끝을 향해 달려가고 있습니다.

예배로 하나님을 무시하다니

우리는 성경의 계명들을 생각할 때, 유대 전통을 따라 구약성경에 나와 있는 613개의 계명을 생각하기보다는 교회에서 배웠던 '십계명'만 생각하는 경향이 있습니다. 제5계명은 부모를 공경하라고 분명하게 명령합니다. 영적인 아버지이신 하나님께 순종하고 공경하는 것은 어떻습니까? 하나님이 말라기 선지자를 통해 자기 백성에게 어떻게 말씀하는지 살펴봅시다.

도입 선택

'예배'라는 단어는 '누군가 또는 무엇을 향한 감탄, 경외심, 사랑' 등을 표현하는 것입니다. 기독교에서는 예배를 하나님께 우리의 사랑을 표현하는 방식으로 이해합니다.

- *'예배'라는 단어를 들을 때 마음속에 어떤 감정이 느껴지나요? 성경적 예배는 공연이나 공허한 찬양이 아니라 하나님께 전심으로 헌신하는 것을 보여 주는 것입니다.*

우리는 음악, 기도, 성경 읽기 등 여러 모양으로 예배할 수 있습니다. 표현 방식이 어떠하든 상관없이 예배는 하나님으로 인해 완전히 만족하는 마음에서 비롯된다는 것을 아는 것이 중요합니다.

[6]내 이름을 멸시하는 제사장들아 나 만군의 여호와가 너희에게 이르기를 아들은 그 아버지를, 종은 그 주인을 공경하나니 내가 아버지일진대 나를 공경함이 어디 있느냐 내가 주인일진대 나를 두려워함이 어디 있느냐 하나 너희는 이르기를 우리가 어떻게 주의 이름을 멸시하였나이까 하는도다 [7]너희가 더러운 떡을 나의 제단에 드리고도 말하기를 우리가 어떻게 주를 더럽게 하였나이까 하는도다 이는 너희가 여호와의 식탁은 경멸히 여길 것이라 말하기 때문이라 [8]만군의 여호와가 이르노라 너희가 눈먼 희생제물을 바치는 것이 어찌 악하지 아니하며 저는 것, 병든 것을 드리는 것이 어찌 악하지 아니하냐 이제 그것을 너희 총독에게 드려 보라 그가 너를 기뻐하겠으며 너를 받아 주겠느냐 [9]만군의 여호와가 이르노라 너희는 나 하나님께 은혜를 구하면서 우리를 불쌍히 여기소서 하여 보라 너희가 이같이 행하였으니 내가 너희 중 하나인들 받겠느냐(말 1:6~9)

하나님이 자기 백성에 대해 두 가지 내용을 고발하고 계심에 주목하십시오. 그들은 하나님을 공경하지도 않고, 경외하지도 않았을 뿐만 아니라, 하나님의 이름을 멸시했습니다. '멸시'는 누군가 또는 무언가에 대해 경멸의 태도를 이어 나가는 것을 의미합니다. 어떤 사물이나 사람의 하찮음 또는 무가치함을 드러내는 것입니다. 성경은 그들이 하나님이 명령하셨던 온전하고 흠 없는 제물을 드리는 대신 절름거리거나 눈먼 제물을 드림으로써 하나님을 멸시하는 행동을 했다고 말합니다. 하나님이 그들에게 "나에게 갖고 온 이것들을 지방 총독에게 바쳤을 때, 그가 좋게 여길 것이라고 생각하느냐?"라고 물으셨을 정도였습니다.

오늘날 우리는 어떤 식으로 하나님의 이름을 '멸시'하나요?
어떻게 하면 하나님의 이름을 멸시하지 않을 수 있을까요?

[10]만군의 여호와가 이르노라 너희가 내 제단 위에 헛되이 불사르지 못하게 하기 위하여 너희 중에 성전 문을 닫을 자가 있었으면 좋겠도다 내가 너희를 기뻐하지 아니하며 너희가 손으로 드리는 것을 받지도 아니하리라 [11]만군의 여호와가 이르노라 해 뜨는 곳에서부터 해 지는 곳까지의 이방 민족 중에서 내 이름이 크게 될 것이라 각처에서 내 이름을 위하여 분향하며 깨끗한 제물을 드리리니 이는 내 이름이 이방 민족 중에서 크게 될 것임이니라 [12]그러나 너희는 말하기를 여호와의 식탁은 더러워졌고 그 위에 있는 과일 곧 먹을 것은 경멸히 여길 것이라 하여 내 이름을 더럽히는도다 [13]만군의 여호와가 이르노라 너희가 또 말

하기를 이 일이 얼마나 번거로운고 하며 코웃음 치고 훔친 물건과 저는 것, 병든 것을 가져왔느니라 너희가 이같이 봉헌물을 가져오니 내가 그것을 너희 손에서 받겠느냐 이는 여호와의 말이니라 [14]짐승 떼 가운데에 수컷이 있거늘 그 서원하는 일에 흠 있는 것으로 속여 내게 드리는 자는 저주를 받으리니 나는 큰 임금이요 내 이름은 이방 민족 중에서 두려워하는 것이 됨이니라 만군의 여호와의 말이니라(말 1:10~14)

오늘날 청중의 관점에서 본문을 다음과 같이 이해할 수 있습니다. "세상의 모든 교회는 문을 닫아라. 더 이상 교회 건물도, 모임도 없다. 모든 게 끝났다!" 하지만 이스라엘 백성은 모든 것을 성전에 의존하고 있었습니다. 그들은 제사 지낼 때 성전에 의존했습니다. 죄의 용서, 명절 및 축제 등을 모두 성전에 의존했습니다. 성전이 없으면 나라가 돌아가지 않을 정도였습니다.

제사장들이 하나님 앞에서 경솔하게 행동하는 바람에 유대 백성이 모두 그렇게 행동했고, 결국 하나님의 진노가 시작되고 말았습니다. 하나님은 부당하게 화를 내신 게 아닙니다. 주님은 자신에게 합당한 영광을 요구하고 계십니다. 경외심이 결여된 백성의 모습에 하나님의 진노가 불붙었는데, 그들이 하나님의 존귀함을 깎아내렸기 때문입니다. 하나님의 위대하심은 우리로 하여금 무릎 꿇게 하고, 가진 것 중에 최고의 것으로 하나님을 경배하게 합니다.

예배의 수준은 네가 만드는 거야

누나와 남동생이 욕조에서 '노아의 방주' 놀이를 하고 있었습니다. 홍수가 물러간 뒤, 아이들은 하나님께 제물을 드리기로 했습니다. 노아 역할의 남동생이 아내 역할의 누나에게 "누나의 동물 장난감 중에서 하나를 드리자"라고 말했습니다. 그러자 누나가 동생에게 "싫어, 네 걸로 드리자"라고 했습니다. 합의점을 찾지 못하자 누나가 다락방으로 달려가더니 낡은 양 인형을 들고 나타났습니다. 머리는 찌그러졌고, 꼬리는 떨어졌으며, 지저분한 상태였습니다. 누나는 동생에게 그 인형을 내밀며 이렇게 말했습니다. "여기 있어. 이걸로 제물을 드리자. 어차피 다시 갖고 놀지 않을 거잖아."

슬프게도 이 이야기는 하나님에 관한 우리 마음속 동기를 보여 줍니다. 때때로 우리는 하나님께 최선이 아닌 남은 것을 드립니다.

말라기서 앞부분에서 하나님은 제물의 질적인 면에 의문을 제기하셨습니다. 그리고 나서 제물의 양적인 면에 관해 질문하셨습니다.

[7]만군의 여호와가 이르노라 너희 조상들의 날로부터 너희가 나의 규례를 떠나 지키지 아니하였도다 그런즉 내게로 돌아오라 그리하면 나도 너희에게로 돌아가리라 하였더니 너희가 이르기를 우리가 어떻게 하여야 돌아가리이까 하는도다 [8]사람이 어찌 하나님의 것을 도둑질하겠느냐 그러나 너희는 나의 것을 도둑질하고도 말하기를 우리가 어떻게 주의 것을 도둑질하였나이까 하는도다 이는 곧 십일조와 봉헌물이라 [9]너희 곧 온 나라가 나의 것을 도둑질하였으므로 너희가 저주를 받았느니라 [10]만군의 여호와가 이르노라 너희의 온전한 십일조를 창고에 들여 나의 집에 양식이 있게 하고 그것으로 나를 시험하여 내가 하늘 문을 열고 너희에게 복을 쌓을 곳이 없도록 붓지 아니하나 보라 [11]만군의 여호와가 이르노라 내가 너희를 위하여 메뚜기를 금하여 너희 토지 소산을 먹어 없애지 못하게 하며 너희 밭의 포도나무 열매가 기한 전에 떨어지지 않게 하리니 [12]너희 땅이 아름다워지므로 모든 이방인들이 너희를 복되다 하리라 만군의 여호와의 말이니라 (말 3:7~12)

하나님의 말씀을 들은 이스라엘 백성들은 처음부터 떠난 적이 없다고 말하며, 하나님에게서 멀어진 것에 대해 의문을 제기했습니다. 어쨌든 그들은 여전히 하나님께 제물을 드리고 있었기 때문입니다.

이스라엘 백성에게 돌을 던지기에 앞서, 우리는 자신이 얼마나 쉽게 방황하는지를 생각해 봐야 합니다. 누군가는 이렇게 말할 것입니다. "내가 하나님과 멀어졌다니요? 나는 매주 교회에 다니고 있고, 우리 아이들도 매주 주일학교에 다니고 있어요. 그런데 어떻게 내가 하나님과 멀어졌다고 말할 수 있나요?" 안타깝게도 많은 사람이 자신이 장님이라는 사실을 보지 못합니다.

하나님은 그들이 믿는다고 말하지만 실은 하나님에게서 멀어져 있다고 말씀하셨습니다. 이전부터 하나님은 이스라엘 민족의 형편없는 제물, 온전하지 못한 예배, 우상 숭배, 불성실함을 책망해 오셨습니다. 이 문제의 근원은 마음에 있었습니다. 그들은 재물을 유용해 왔습니다. 달리 말하면, 그들은 하나님이 주신 것을 책임 있게 사용하지 못한 것입니다. 헌물은 우리 마음 상태를 나타내는 지표이자, 우리가 하나님을 얼마나 존귀하게 여기는지를 보여 주는 척도입니다.

구약성경의 마지막 말은?

성경은 이스라엘의 암흑기 중에 비추는 미래의 빛에 관해 말합니다. 이스라엘은 하나님이 택하신 백성이라는 이유로 영원한 복을 기대했습니다. 하지만 하나님은 모든 잘못을 바로잡으실 것이며, 그들의 미지근한 예배에서부터 시작하실 것이라고 말씀하십니다.

¹만군의 여호와가 이르노라 보라 용광로 불 같은 날이 이르리니 교만한 자와 악을 행하는 자는 다 지푸라기 같을 것이라 그 이르는 날에 그들을 살라 그 뿌리와 가지를 남기지 아니할 것이로되 ²내 이름을 경외하는 너희에게는 공의로운 해가 떠올라서 치료하는 광선을 비추리니 너희가 나가서 외양간에서 나온 송아지 같이 뛰리라 ³또 너희가 악인을 밟을 것이니 그들이 내가 정한 날에 너희 발바닥 밑에 재와 같으리라 만군의 여호와의 말이니라 ⁴너희는 내가 호렙에서 온 이스라엘을 위하여 내 종 모세에게 명령한 법 곧 율례와 법도를 기억하라 ⁵보라 여호와의 크고 두려운 날이 이르기 전에 내가 선지자 엘리야를 너희에게 보내리니 ⁶그가 아버지의 마음을 자녀에게로 돌이키게 하고 자녀들의 마음을 그들의 아버지에게로 돌이키게 하리라 돌이키지 아니하면 두렵건대 내가 와서 저주로 그 땅을 칠까 하노라 하시니라(말 4:1~6)

그들은 하나님이 그들의 원수의 잘못을 갚아 주시리라 기대했지만, 그날은 그들에게도 심판의 날이 될 것입니다. 주님이 다시 오시면, 똑같은 조건으로 심판하실 것입니다. 공의로 심판하실 텐데, 그것을 위해 준비하는 것은 우리의 몫입니다. 우리는 자신에게 이렇게 물어야 합니다. "나는 예수님의 재림에 준비되어 있는가?"

말라기의 마지막 두 절은 구약성경에서 가장 무시무시한데, 다가올 종말을 예비하러 올 누군가의 약속과 이미 이루어진 일에 관해 경고하며 끝을 맺습니다. "보라 여호와의 크고 두려운 날이 이르기 전에 내가 선지자 엘리야를 너희에게 보내리니 그가 아버지의 마음을 자녀에게로 돌이키게 하고 자녀들의 마음을 그들의 아버지에게로 돌이키게 하리라 돌이키지 아니하면 두렵건대 내가 와서 저주로 그 땅을 칠까 하노라 하시니라"(말 4:5~6).

알짬 교리 **99**

예배

예배를 하나의 행사나, 찬양을 부르는 모임 정도로 과소평가하는 사람이 많습니다. 그러나 예배는 심령에 관계된 것으로 삶의 모든 영역으로 확대되는 것입니다. 예배의 목적과 초점은 하나님께 있으며, 하나님께 합당한 찬양과 경배를 드리는 것입니다. 그리스도인은 개인의 삶 가운데서 예배를 드려야 합니다. 그리고 다른 그리스도인들과 함께 모여서도 하나님을 예배하며 그분의 영광을 위해 자기 재능을 사용해야 합니다. 함께 드리는 예배는 그리스도인들의 덕을 세우고 그들을 굳세게 할 뿐만 아니라, 믿지 않는 사람들에게도 하나님의 위대하심을 증거하는 역할을 합니다.

그리스도와의 연결

신약성경에서 제사장 스가랴는 노년에 아들이 생길 것이라는 천사의 말을 믿지 않은 탓에 말을 못하게 되었습니다. 마침내 그 아들 세례 요한이 태어났을 때 스가랴의 입이 열렸고 그는 하나님을 찬양했습니다. 그리고 성령 충만한 가운데 "돋는 해가 위로부터"(눅 1:78) 임하는 길을 요한이 예비할 것이라고 예언했습니다. 이것은 말라기 4장 2절을 직접적으로 언급한 것입니다. "공의로운 해"(말 4:2)는 오실 메시아를 가리킵니다. 하나님의 아들 예수 그리스도께서 바로 그 '해'이십니다. 성경의 다음 책에서 하나님의 아들이 이 세상에 오신 이야기가 펼쳐질 것입니다.

YOUR STORY

하나님이 들려주시는 이야기는 오늘을 사는 나와 늘 연결되어 있습니다. 아래 질문에 답하면서 성경 이야기가 내 이야기와 어떻게 연결되는지 생각해 봅시다.

▶ **많은 사람이 자신이 하나님과 좋은 관계에 있다고 생각하지만, 실제로는 그렇지 않은 경우가 많습니다. 하나님과의 관계를 진단하는 방법에는 어떤 것들이 있을까요?**
한 가지 방법은, 한 걸음 물러서서 내 삶에 열매가 있는지 점검하는 것입니다. 이 열매는 구원의 은혜를 나타내는 역할을 합니다. 선한 사역은 자연스럽게 예수님과의 실제적 관계에서 흘러나오는 것입니다. 또 다른 표지는 하나님을 향한 마음의 변화를 경험했는지, 즉 예수님과 예수님이 그 사람을 위해 하신 일로 인해 온전한 만족을 누리고 있는지를 살펴보는 것입니다.

▶ **삶의 영역에서 하나님께 최고의 것을 드리려고 노력하는 것이 있다면 어떤 것인가요?**
이 질문에 관한 대답은 다양할 것입니다.

▶ **"네 보물 있는 그곳에는 네 마음도 있느니라"라고 하신 예수님의 가르침(마 6:9~21)과 본문은 어떤 연관이 있나요?**
이 질문에 관한 대답은 다양할 것입니다.

▶ **지금까지 살펴본 구약성경 이야기 중에 가장 인상 깊었던 것은 무엇인가요? 그리스도와 동행하는 데 가장 도전이 되었던 인물이나 사건은 무엇인가요?**
이 질문에 관한 대답은 다양할 것입니다.

하나님의 이야기
하나님이 그분의 아들 예수 그리스도를 통해 우리를 구속해 주신 이야기

우리의 이야기
우리의 이야기가 하나님의 이야기와 만나는 곳

YOUR MISSION

생 각

> 말라기는 우리가 겸손하고 신실하게 예배 드리며 하나님의 명령에 순종한다면, 우리를 위해 역사하시는 하나님을 보게 될 것이라고 가르치고 있습니다. 물론 이것은 하나님이 즉각적으로 또는 재정적으로 채워 주신다는 뜻은 아닙니다. 그러나 자신이 가진 것을 두고 하나님을 의지한다면, 분명히 주님이 주시는 축복을 누리게 될 것입니다.

- **그리스도인은 이스라엘이 순종하면 복 주겠다고 하신 하나님의 약속을 어떻게 이해해야 할까요?**

  축복이 즉각적으로 드러나지는 않더라도 하나님께 순종하는 데 따르는 명백한 복이 있습니다. 그러나 이 땅에서의 삶이 끝날 때까지 순종의 행위에 대한 하나님의 복이 보이지 않는 경우도 있을 것입니다.

- **우리는 이 약속을 어떻게 오해하거나 오용하곤 하나요?**

  어떤 사람들은 순종이 자동적으로 건강, 부, 번영으로 이어진다고 성급하게 결론을 내립니다. 그러나 이렇게 생각하는 것은 비성경적입니다.

마 음

> 성경은 그리스도를 따르는 자들은 특별히 다음의 다섯 가지를 드리는 습관을 가져야 한다고 가르칩니다. 우리의 몸(롬 12:1~2), 물질(빌 4:14~18), 찬송(히 13:15), 행함(히 13:16), 증거(롬 15:16). 하나님이 그분의 위대하심과 그분의 아들을 통해 우리에게 모든 것을 주신다는 사실을 생각하면, 우리도 자원하는 마음으로 기쁘게 모든 것을 하나님께 드릴 수 있을 것입니다.

- **이 다섯 가지를 통해 하나님께 경배 드릴 때, 하나님의 위대하심이 어떤 식으로 드러날까요?**

  이 질문에 관한 대답은 다양할 것입니다.

- **하나님께 최고의 것을 드리지 못하는 것은 하나님에 대한 우리의 관점과 우리를 향한 하나님의 은혜에 관해 무엇을 말해 주나요?**

  이 질문에 관한 대답은 다양할 것입니다.

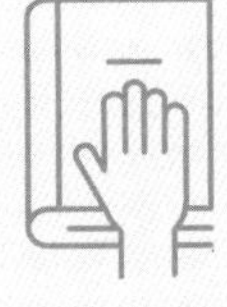

행 동

> 하나님의 영광과 다른 이들의 유익을 위해, 주님께 자신의 시간과 재능과 재물을 드려야 합니다. 짐 엘리엇은 말했습니다. "사람은 그가 잃을 수 없는 것을 얻으려고 지킬 수 없는 것을 주는 어리석은 자가 아닙니다."

- **다른 이들에게 복이 되기 위해 내 시간, 재능, 재물을 들여 노력한 적이 있나요?**

  이 질문에 관한 대답은 다양할 것입니다.

- **다른 이들을 축복하는 것이 어떻게 그들로 하여금 그리스도를 바라보게 할까요?**

  이 질문에 관한 대답은 다양할 것입니다.

다음 모임까지
왕하 9~15장;
대하 22:10~27:9;
욘 1~4장을
읽어 보세요.

부록 2

두 번째 출애굽

"그러므로 여호와의 말씀이니라 보라 날이 이르리니 그들이 다시는 이스라엘 자손을 애굽 땅에서 인도하여
내신 여호와의 사심으로 맹세하지 아니하고 이스라엘 집 자손을 북쪽 땅, 그 모든 쫓겨났던 나라에서
인도하여 내신 여호와의 사심으로 맹세할 것이며 그들이 자기 땅에 살리라 하시니라"(렘 23:7~8).

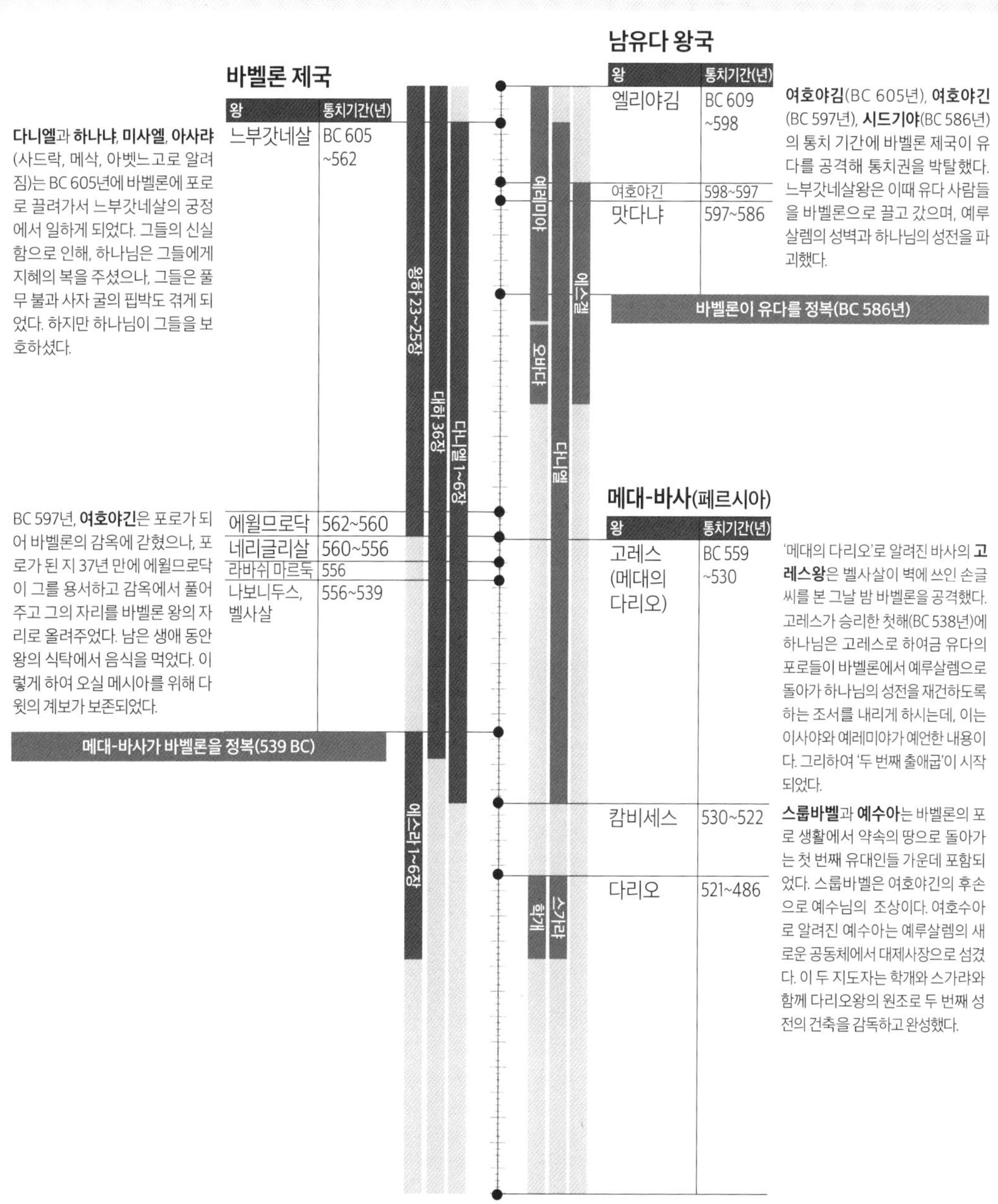

다니엘과 **하나냐, 미사엘, 아사랴**(사드락, 메삭, 아벳느고로 알려짐)는 BC 605년에 바벨론에 포로로 끌려가서 느부갓네살의 궁정에서 일하게 되었다. 그들의 신실함으로 인해, 하나님은 그들에게 지혜의 복을 주셨으나, 그들은 풀무 불과 사자 굴의 핍박도 겪게 되었다. 하지만 하나님이 그들을 보호하셨다.

BC 597년, **여호야긴**은 포로가 되어 바벨론의 감옥에 갇혔으나, 포로가 된 지 37년 만에 에윌므로닥이 그를 용서하고 감옥에서 풀어주고 그의 자리를 바벨론 왕의 자리로 올려주었다. 남은 생애 동안 왕의 식탁에서 음식을 먹었다. 이렇게 하여 오실 메시아를 위해 다윗의 계보가 보존되었다.

여호야김(BC 605년), **여호야긴**(BC 597년), **시드기야**(BC 586년)의 통치 기간에 바벨론 제국이 유다를 공격해 통치권을 박탈했다. 느부갓네살왕은 이때 유다 사람들을 바벨론으로 끌고 갔으며, 예루살렘의 성벽과 하나님의 성전을 파괴했다.

'메대의 다리오'로 알려진 바사의 **고레스왕**은 벨사살이 벽에 쓰인 손글씨를 본 그날 밤 바벨론을 공격했다. 고레스가 승리한 첫해(BC 538년)에 하나님은 고레스로 하여금 유다의 포로들이 바벨론에서 예루살렘으로 돌아가 하나님의 성전을 재건하도록 하는 조서를 내리게 하시는데, 이는 이사야와 예레미야가 예언한 내용이다. 그리하여 '두 번째 출애굽'이 시작되었다.

스룹바벨과 **예수아**는 바벨론의 포로 생활에서 약속의 땅으로 돌아가는 첫 번째 유대인들 가운데 포함되었다. 스룹바벨은 여호야긴의 후손으로 예수님의 조상이다. 여호수아로 알려진 예수아는 예루살렘의 새로운 공동체에서 대제사장으로 섬겼다. 이 두 지도자는 학개와 스가랴와 함께 다리오왕의 원조로 두 번째 성전의 건축을 감독하고 완성했다.

성전과 성벽 재건

연도(BC)	사건	성경
538	고레스의 조서	스 1:1~4
537	제단을 다시 만듦	스 3:2~3
536	성전 재건이 시작됨	스 3:8~9
536	성전의 기초가 놓임	스 3:10~13
536~520	성전 재건에 대한 반대	스 4:1~5, 24
520	성전 재건이 다시 시작됨	스 5:1~2
515	성전이 완공되고 봉헌됨	스 6:14~18
458	에스라가 예루살렘에 도착함	스 7:8~10
445	느헤미야가 예루살렘에 도착함	느 2:11
445	예루살렘 주변 성벽이 재건됨	느 6:15
445	에스라가 광장에서 율법을 읽음	느 8:1~12

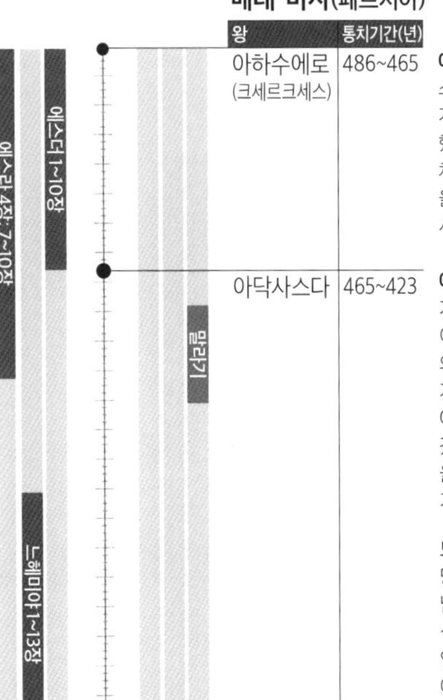

에스더와 **모르드개**는 크세르크세스로 알려진 아하수에로왕의 통치 기간에 바사의 수도인 수산성에 거주했다. 이 두 사람은 진멸 당할 위기에 처한 유대인들을 구하는 데 큰 역할을 했다. 유대들의 부림절은 에스더서의 이야기가 그 기원이다.

에스라는 모세의 율법에 정통한 서기관으로, 비느하스와 엘르아살로 이어지는 아론의 후손이다. 하나님의 율법에 순종하고 예배를 회복하기 위해 아닥사스다왕의 도움을 받아 바벨론에서 약속의 땅으로 돌아갔다. 그는 이스라엘에서 하나님의 율법을 연구하고 순종하고 가르치기로 결심했다.

느헤미야는 아닥사스다왕의 술 담당 관원으로 섬겼다. 예루살렘에 남아 있는 자들의 수치에 대한 소식을 듣고, 하나님과 왕의 도움을 얻기 위해 기도했다. 수산궁에서 예루살렘으로 가서 많은 반대에도 불구하고 예루살렘 성벽을 재건하는 일에 전력을 다했다. 왕에게 돌아가기 전에 12년 동안 유다의 총독으로 임명되었다.

예레미야 선지자는 하나님의 백성이 다른 신들을 섬기며, 애굽에서 그들을 구원해 약속의 땅으로 인도하신 한 분 참 하나님을 저버린 죄로 인해 바벨론 땅에서 70년 동안 포로 생활을 하게 될 것이라고 예언했다. 다니엘은 이 예언을 생각하며 기도했을 때, 하나님의 백성과 예루살렘이 온전하게 회복되기 전에, 반역과 죄가 끝나기 전에, '70이레'가 지나야 한다는 것을 환상 가운데 가브리엘에게서 들었다(참조, 9:20~27. - 역주). 고레스의 조서와 다른 왕들의 법령들을 통해 바벨론에서 포로 생활을 하던 유대인들이 귀환하는 두 번째 출애굽이 시작되었다. 그러나 에스라와 느헤미야 두 사람은 유다 땅으로 돌아간 후에도 그들의 노예근성이 계속될 것을 알았다.

자기 백성의 죄를 위해 죽임을 당하시고 모든 백성과 나라와 방언의 사람들로 이루어진 왕국을 다스릴 권세를 부여받으신 메시아, 즉 예수님만이 이 포로 생활을 끝내실 수 있다. 오직 그분만이 죄와 사망의 포로가 된 자기 백성을 약속의 땅으로 인도해 하나님 나라에서 영원한 생명을 누리게 하실 수 있다.